歴史文化ライブラリー
252

骨が語る古代の家族

親族と社会

田中良之

吉川弘文館

目　次

男系・女系論が意味するもの——プロローグ

ここ数年にわたってにわかに「男系」「女系」という言葉を目にするようになった。それは皇室典範改正問題の中で出てきた言葉であった。皇太子殿下のお子は愛子さまだけなので、現行の皇室典範では皇位継承は不可能で、そうすると秋篠宮《あきしののみや》殿下が継承されることになるが、当時は殿下にも女子しかおられなかった。そこで典範を改正して女性天皇を可能にするという議論の中で出てきた問題である。公にされた改正案は、女性天皇の即位を可能とし、あわせて女系天皇も認めるという内容であった。つまり、女性天皇が結婚されてなされたお子は女系であり、そのお子も即位することが可能であるということになる。そのほかにも、第一子優先主義で、男女を問わず第一子が即位するという内容も盛られていた。これに対して、伝統を重んじるという立場から反対が表明され、議論が伯仲したのは記憶に新しいだろう。

この議論は、いわば天皇家という家族の継承問題である。皇室はいわば日本でもっとも古い家であり、宮家を加えればもっとも古い親族ということもできよう。その家が重んじてきた伝統と、変化する社会とのズレが顕著になっているということかもしれない。あるいは、典範改正案が提起したものは、単に現代の日本社会へと皇室の有り様を近づけようということであったのかもしれない。しかし、多くの人は「よその家の継承問題」と突き放せない気分をもたれたことと思う。なぜなのだろうか。この問題はどのような意味をもつのだろうか。議論は、秋篠宮妃殿下が懐妊され悠仁《ひさひと》親王をご出産になったことから、沈静化するにいたった。しかし、議論そのものは先送りされた状態である。

皇室典範改正案に反対をした人たちの多くは、伝統を重んじるという立場から発言を行った。そして、その中には「二六〇〇年続いた男系の継承」といった表現もあった。もちろんこれは正しくない。今年（二〇〇八年）は日本独自の暦であった皇紀でいえば二六六八年であるが、二六六七年前の日本列島は縄文時代晩期の終わり頃であり、まだ、天皇も政権も存在はしていないからである。ただ、「二六〇〇年続いた男系の継承」という言説はある一つの理念であるということは可能である。男系継承と一系の家系が皇室の権威を高め、かつ維持する根源でもあったからである。そうすると、この理念は最古の天皇がいつの人であろうとも、そこからが男系であったというほどの意味に理解される。しかし、その理念の基礎をなす男系の継承は当初から連綿と続けられてきたのだろうか。いいかえれば、日本の支配者は男性であり続けたのだろうか。いや、家族や継承は不変なのだろうか。

断っておかなければならないが、このような問いは歴史の問題であり、あくまでも学問的手続きにおいて結論が得られなければならないものである。そして、そのようなプロセスを経て得られた歴史的事実に裏付けられるかどうかで、さきの理念もリアリティをもつかが決まるわけである。そして、このような問いに対しては、後述するように、家族や継承は歴史的に大きな意味をもつという学説と、本質的ではないという反対の学説とが存在した。はたして家族や継承は社会や歴史に意味をもったのであろうか。

私はこれまで、古墳時代を中心として、墳墓出土の人骨の人類学的分析と、その墓の考古学的分析を合わせて行うことによって、親族関係の分析を進めてきた。そして、その成果は家族・親族やその継承が歴史的に変化し、かつ重要な意味をもつというものであった。とりわけ、家族・親族の変化が国家形成過程におけるきわめて重要なファクターであったことも明らかにしてきた（『古墳時代親族構造の研究』柏書房、一九九五年他）。つまり、先にあげた二つの学説のうちの前者を支持する結果を提示してきたわけである。

本書はこのような研究成果を盛り込みながら、日本列島の原始古代、すなわち「未開」と段階付けられる社会から古代国家が出来ていくまでの男系・女系の問題と、その母体となる家族・親族の様態を明らかにし、その歴史的意味をあらためて考察する。ただ、本書では前著とはできるだけ重複を避けるため、その後に分析を行ったいくつかの事例を中心に少し詳しく述べ、前著では明らかにできなかった点についても検討することにしたい。

さて、本書で用いる用語についてであるが、「男系」「女系」は、通常「父系」「母系」の語を用いるため、以後本書では「父系」「母系」で通すことにしたい。また、「双系」は、bilateral の訳語であり、本来は「双方」と表現すべきであるが、「双系」が浸透しているため本書でも「双系」を用いる。人骨の推定年齢については、乳児が〇～一歳、幼児が一～六歳、小児が六～一二歳、若年が一二～二〇歳、成年が二〇～四〇歳、熟年が四〇～六〇歳、老年が六〇歳以上という区分に統一し、細かく絞り込める場合にのみ「～歳程度」といった表現を行った。なお、本書では敬称は省略させていただいた。

歴史における家族・親族の意味

なぜ家族なのか

考古学における家族と親族

住居跡からの復元

原始古代の家族を復元することは、容易なようで困難である。発掘調査によって出土する住居跡は、確かに数人が居住できるスペースがあり、その人たちが当時の社会のある単位を表すという想定ができる。しかし、考古学でできるのはそこまでである。発掘して得た住居跡のデータからわかるのは、そこに居住した人数くらいまでで、そこに住んだ人たちが具体的にどのような構成であったかを知る手だてはほとんどないからである。

そこで、特別に大型の住居を除いて、「住居跡には家族が住んでいた」という仮定が立てられることになる。そして、その際の家族とは、近現代かせいぜい近世後半の家族のイメージで作られる。たとえば、多くの博物館の展示や解説にみられるのは、両親と子供二人程度の核家族である。しかし、それは一般の参観者にとってわかりやすい展示であっても、調査研究によって明らかにされた事実ではない。住居跡はたしかに当時の社会のある単位が住んでいたとしても、それが近現代の家族と同様であるという保証はないのである。

墓からの復元

では、墓ではどうだろうか。一つの墓に何人かが埋葬されていたり、何基かの墓がまとまっている場合、それらの被葬者たちが何らかの関係にあり、それが家族であると考えることは「自然」なのかもしれない。じっさい、研究者とはいえ現代に生きる私たちは、発掘調査の段階からこんにちの家族観・親族観を投影して、夫婦や親子といった関係を先験的に考えがちである。しかし、これらの被葬者が血縁者を含んだ家族あるいは親族の関係に基づくとしても、具体的な関係にはさまざまな場合をまず考えなければならない。というのも、同じ棺や石室に葬られた複数の被葬者の性・年齢の組み合わせは実に多様で、単純には考えられないからである。たとえば同世代の男女が墓から出土したとしても、夫婦の場合と、男女のキョウダイの場合の二通りがあるのである。「同世代の男女は夫婦」といくら思ってみても、それは先入観にすぎない。したがって、私たちは先入観で判断してしまう危険性を知っておく必要があるのである。

そして、さらにやっかいな問題がある。それは、複数埋葬の例は追葬によるものがほとんどであり、近接する墓が同時に造られたものではないということである。したがって、

「同年齢の人骨」が埋葬されていても、それが二〇年ほどの間隔をおいて追葬された事例であれば、生前は同世代ではなく二世代ということになってしまう。このように、墓が使われた時間的関係を考えると、被葬者たちの実際の関係を復元することは簡単ではない。

したがって、私たちがもっている近現代の家族像を原始古代に当てはめ、それを歴史的事実として固定することは、研究者も現代の通念から逃れられないことを証明するだけで、とうてい科学者の行為とはいえないだろう。それを一つの仮説として提唱することは可能だとしても、事実と認定するためにはそれを検証する必要があるからである。

原始古代の家族の復元はやはり容易ではない。そして、家族の復元すら困難であるのに、その集合体である親族の具体像はさらにわかりようもない。そこで、理論的に考えられた概念や「集団」という言葉で漠然と表現することになる。日本の考古学において家族や親族を具体的に表現しないのは、このような困難さも背景にある。

さて、家族や親族を漠然と表現したり、近現代の家族像を重ねたりすることは、それが実態とは異なっていたとしても、展示の解説や一般的な話をするぶんには大きな支障はないかもしれない。ところが、家族や親族の姿、その構成原理は歴史的に変化し、重要な歴史的画期と関連するという有力な学説があるのである。

家族・親族の歴史的意義

一九世紀歴史民族学の成果

『家族、私有財産、国家の起源』という書物がある。これは、K・マルクスの盟友であったF・エンゲルスが著したもので、前階級社会から階級社会への発展過程を描いたものとして、マルクス主義における重要なテキストとなっているものである（一八八四年〈戸原四郎訳、岩波書店、一九六五年〉）。

しかし、このエンゲルスの著作は、エンゲルスが独自の研究を行って書き上げたものではない。一九世紀は「歴史の時代」と呼ばれることがあるが、民族学もまた歴史的考察を多く行った時代であった。歴史民族学と呼ばれた当時の民族学は、世界の諸民族の社会形態を分類し、それをあたかもC・ダーウィンが現生動物に対して行ったように、進化の段階を表すものとして位置付けていった。つまり、人類社会の進化論を展開したわけである。

そして、それらの研究はL・モルガンの『古代社会』（一八七七年〈青山道夫訳、岩波書店、一九五八年〉）に結実し、前階級社会の実像を求めていたエンゲルスの注目を浴び、『家族、私有財産、国家の起源』の執筆へといたらせた。ここに歴史民族学のモデルはマルクス主義の歴史理論の中に取り込まれることにより、二〇世紀以降も大きな影響力をもつこととなった。

その概要は以下の通りである。まず、人類の社会は野蛮・未開・文明の三段階で進化したとする。野蛮段階は狩猟採集社会であり、集団の規模は極小で血縁家族そのものといってよく、野蛮低段階では男女であれば誰でも結婚の対象となる乱婚の段階である。中段階になると母子関係が婚姻から除外され、高段階になると近親婚から兄弟姉妹を排除して、兄弟と姉妹同士が結婚する集団婚（プナルア婚）となるという。

次に、未開段階になると、定住化していく過程で血縁集団の中で結婚する族内婚は消滅し、異なる血縁集団のメンバーと結婚する族外婚へと移行する。そして、族外婚の単位として氏族が成立する。氏族とは、同じ祖先をもちお互いに血縁であるという意識を強くもつ集団で、氏族内の結婚は許されない。社会（部族）はこのような氏族がいくつか集まって形成され、氏族間で配偶者が移動することになるのである。つまり、歴史学や考古学でよく出てくる「氏族共同体」の出現である。たとえば、アメリカ・ニューヨーク州に居住していた母系のセネカ族のロングハウス（集合住居）は数家族から成り、住人の構成は常に一つの氏族が優勢していて、それは女たちが他の氏族から夫を迎えたことによるものだという。そして、未開低～中段階における家族は、それまでの集団婚とは異なり男女のペアが単位となる対偶家族であり、しかも婚姻関係は男女どちらからでも破棄できる同権の関係にある。ただし、男には多妻と不貞の権利がある一方、女には貞淑が求められるという一面もあるという。

さて、野蛮段階では乱婚・集団婚であるため父子関係は定かではなく、対偶家族でも夫婦関係は適宜解消されるため母子関係の比重が高く、親族関係は母系であると説明される。つまり、人類社会は最初から氏族共同体の段階までは母系であったというわけである。

ところが、未開の高段階になると、農耕・牧畜の発達とともに開墾や灌漑《かんがい》などでの男性労働の評価が上がり、それにともなって男性が自らの労働によって得た余剰財を息子に継承しようと望むようになり、それが実現して父系継承を行う家父長制家族へと変化したという。その結果、家父長を中心として父系的に編成された家族が生産手段や財を所有するようになり、それらは代々息子である次の家父長へと継承されるようになる。そうなると、それまで社会の調節を行ってきた氏族共同体は存在意義をうしない、ここに解体するわけである。そして、それに代わる社会の調節機構として国家が登場し、文明（国家）段階へと移行するというのである。

家父長制家族には、家父長が生殺与奪の強大な権力をもつローマのような例もあるが、バルカンの家族集団であるザドルガのように一人の父の血を引く数世代の子孫とその妻によって共同耕作、共同貯蔵、余剰の共同保有が行われる「家父長制的世帯共同体」の例もある。つまり、氏族共同体から文明段階における一夫一婦の単婚家族による経営への過渡的形態として、「世帯共同体」が設定されてもいるのである。

このように、エンゲルスはマルクス主義において「原始共同体」としてあいまいにしてきた社会の実像を、モルガンの研究における野蛮・未開の段階にみて、みずからの体系に取り込んだ。そして、家族は社会構造の根本的な単位であるとともに、その形態は普遍・不変のものではなく、原始共同体から階級社会形成への変化と連動するということが示された。ここに、家族研究の歴史学における意義が確固たるものとなったのである。

批判と再検討

二〇世紀に入り、民族調査の事例が増加してくると、モルガン、エンゲルスの学説をはじめ一九世紀の古い学説は批判にさらされるようになる。まず、アメリカの文化人類学者G・マードックは、北米インディアンの調査事例を統計的に分析し、母系から父系への変化は、まず軍事的緊張が生じることによって妻方居住婚から夫方居住婚へと変わり、その結果父系社会へと変化するというプロセスをたどると主張した。戦闘を含めた男性労働の価値が高まることによって、結婚で男性が親族から出ていかない父系の社会へと変わったというのである。また、社会の基礎単位は核家族であることをも強調している（Murdock, G. P., 1949 : *Social Structure.*〈内藤莞爾監訳『社会構造』新泉社、一九七八年〉）。この意味するところは、父系への変化は財の継承とは関係がなく、経営の単位も氏族ではなく家族であるという点にある。氏族が所有単位でないことは、同じくアメリカの文化人類学者で、激しくモルガン批判を展開したR・ローウィーもまた指摘している（Lowie, R. H., 1920 : *Primitive Society*〈河村只雄・河村望訳『原始社会』未来社、一九七九年〉）。

また、乱婚・集団婚の実際の民族例は結局発見されず、霊長類においても近親婚のタブーがあることが明らかになって、乱婚・集団婚は否定されるに至る。家族も男女ペアの対偶家族が民族例では一般的であることが知られるようにもなった。そして、増加した狩猟採集民の調査から、彼らに父系社会（夫方居住婚）が多いことが明らかとなって、母系社会が先行するという学説も否定されている。さらに、主としてポリネシアでの調査によって、父系でも母系でもない双系の社会の存在が認識されるにいたっているのである。

新進化主義の登場

このような新たな調査事例を総合して二〇世紀後半に出てきたのが新進化主義と呼ばれる体系である。たとえば、新進化主義の代表的研究者であるアメリカのE・サービスは『未開の社会組織』(*Primitive Social Organization*, 1971〈松園万亀雄訳、弘文堂、一九七九年〉)を著し、進化論批判を克服するために、一般進化と特殊進化を分離している。これはどういうことかというと、ダーウィン以来のいわゆる進化論は、どの地域、どの環境下でも同じ進化過程をたどるかのように説明されている。これを平行進化というが、人類社会の場合はそのようなことはないわけである。したがって、個々の社会進化はいずれも個別の進化過程をたどった「特殊進化」であり、それらから一般化したモデルを「一般進化」としている。つまり、一般進化モデルと個々の社会進化過程との違いがその社会の特質ともなるわけである。

ところで、モルガンの学説は結果的にマルクス主義理論に取り込まれたために、冷戦下の西側社会で強く批判されることとなった。しかし、新進化主義は、このような批判を冷静に受け止め、新たな事実の蓄積による批判と、マルクス主義のテキストとなったがゆえの批判を分離して体系化している。その内容は、モルガンが理論的に考えた野蛮段階を新たな民族誌によって再構成し、未開段階の内容を継承しながら、未開中〜高段階の階層化社会を新たな段階として設け、モルガン段階でほとんど未知だった考古学的成果を吸収して、社会組織の複雑性に基礎を置いて進化段階を設定したなどの特徴をもつ。そして、モルガンが、氏族は全体の集団でもあり実際の居住集団でもあるかのように記述し、それゆえに誤解も生じていたのに対し、集団を二つのカテゴリーに分離した。それは居住集団とソダリティー（Sodality）である。前者は比較的永続的な人びとの集合であり、氏族の中でも実質的な血縁系譜をもつ出自集団（よくリネージと呼ばれるのは父系や母系といった単系の出自集団）や移動生活をする血縁集団であるバンド（後出）などがそれにあたる。後者は氏族に代表される社会横断的なもので、地域において居住集団を社会的に結びつけるものである。

このような区分をすることによって、モルガン、エンゲルスの記述で招いた誤解、すなわち、「氏族がまとまって居住し、氏族単位で耕作や管理などの経営を行っていた」という誤解が解消することになった。つまり、氏族はソダリティーであって、社会（部族）の全体に分布し、個々の集落に居住する出自集団をつなぐ。逆にいえば、個々の集落に居住するのは出自集団であり、それらが神話によって裏付けられた同祖の系譜意識によって、同族としてまとまったのが氏族である。したがって、氏族の中には実質的な血縁・血統の関係もあれば擬制的につながったものもあるが、同じ祖先をもつ血縁であるという強いリアリティーをもっている。当然のことながら、氏族の分節である出自集団も外婚集団として機能するため、集落は複数の出自集団で構成されるのが一般的となる。したがって、個々の集落で経営を行ういくつかの単位は氏族ではなく、その分節であり実質的な血縁系譜をもつ出自集団なのである。そして、この出自集団が、時としていくつかの「世帯の集合」という現象としてあらわれることになる。

さて、E・サービスは一般進化のプロセスを、バンド社会、部族社会、首長制社会、国家社会として区分したが、では、それぞれの段階ごとの「集団」はどのようなものなのだろうか。

まず、最初の段階であるバンド社会では、血縁を核にして結合した小集団（バンド）で移動を繰り返す狩猟採集民の社会であり、オーストラリアのアボリジニやアフリカのムブティ族など狩猟採集民の社会がそれにあたる。父系・母系ともにみられる。次の部族社会は、社会は外婚単位として機能するいくつかの親族集団で構成され、親族集団の多くは共通の祖先観念・系譜意識をもつ氏族をなす。つまり、部族社会は、いくつかの氏族に分かれており、それが呪術・祭祀などを通して部族として統合されるという形態をとる。氏族の結合原理は父系・母系とともに双系がある。

部族社会が階層分化して首長制社会となる。首長という指導者・支配者が出現するのが特徴で、部族社会の親族関係を基礎にしながらも、次第に平等の原則が壊れて階層分化を遂げる。したがって、社会は氏族に分かれるが、氏族内部あるいは氏族間に階層差が存在する社会、ということになろう。父系優先だが、双系・母系の社会もある。そして、国家社会になると、もはや親族関係は社会の基礎をなさず、氏族の機構とは異なる、官僚制を基礎とした国家機構によって統治が行われる。

このような新進化主義の体系は、乱婚・集団婚と母系先行説を否定して、野蛮段階をバンド社会として再編し、居住集団とソダリティー、すなわち出自集団と氏族を区分することにより未開段階を部族社会として再編している。そして、未開の中～高段階に進行した階層化を首長制社会の中に収めて、国家成立以前の階層化社会を示したのである。

しかし、これらはモルガン以来の民族誌の発展段階による分類と基本的には同じであり、否定された内容も野蛮段階に集中している。つまり、モルガン、エンゲルスの体系における未開～文明段階の記述は、大筋において継承されていて、当然、家父長制家族の成立による氏族共同体の解体という過程も、氏族・出自集団からの家族の分離という形で継承されている。いいかえれば、母系から父系という変化ではなく、共同体経営から家族経営への変化として継承されているのである。

このように、一九世紀のモルガン、エンゲルスの体系と新進化主義は別個の体系ではなく、前者を後者が批判的に継承し発展させたものである。そして、これらが原始古代を展望した研究である以上、歴史学や考古学にとって無関係ではない。ただ、忘れてはならないのは、これらが近現代における「未開社会」を対象として行われた研究であることである。いうまでもなく、これら「未開社会」は時間を凍結させたものではなく、われわれと同じだけの時間を過ごした社会である。したがって、民族学や文化人類学の仮説は実際に生じた歴史過程で証明されなければならないのである。そして、原始古代におけるプロセスを検討する以上、検証の主体となるのは考古学のはずである。

日本考古学における親族論

根付いていない親族論

すでにみてきたように、親族や家族は時間とともに姿を変えるものであり、歴史過程の重要なファクターとして考えられてきた。ところが、日本の考古学界では、歴史における親族論をさほど重要視しない傾向があり、「昔の家族はどのような構成であったのか」といった文化史的観点から取り上げられることが多かった。では、原始古代の研究に、親族論は不要と考えられているのだろうか。いや、そもそも、日本考古学は親族論を研究領域として考えてきたのだろうか。

これは、考古学から古人骨研究に踏み込み、あげくに親族関係の研究へと足を踏み入れてしまった私の率直な疑問であった。そして、研究が進むにつれ、親族関係の重要性に気付く一方で、あまりに日本考古学が親族論を等閑視してきたのではないかと感じてきた。

親族論を扱った数少ない研究例でも、墓地の被葬者が二つに分かれて、一方がそのムラで生まれ育った人、他方がよそのムラから結婚で入ってきた人という、いわば「ムラ出自」という概念に基づく議論が多かった。ただ、これはもちろん未検証仮説であり、それを前提とする限り、その議論は「屋上屋を重ねる」たぐいのものとならざるを得ない。

しかし、後で述べるように、欧米では決してそのようなことはない。日本の考古学者は親族論の含意を汲むことなく「独自の論」を展開してきたのではないだろうか？　このまいくと、日本には世界の大勢とは異なる「独自の歴史」があったといった主張まで出てくるのではないか？　この点は、日本考古学の方法や論の立て方、考え方を考え直すうえでも重要であろう。そこで、ここでは、親族論に対する等閑視や誤解が生じた要因について検討し、あわせて親族論の重要性と有効性をあらためて考えてみたい。

単位集団論の功罪

親族論との関係において集団論を展開し、戦後の日本考古学に多大の影響を与えてきたのは、やはり近藤義郎である。近藤は一九五九年、『考古学研究』6-1号に「共同体と単位集団」を発表して、原始古代の「共同体」概念と遺跡での現象の関係を具体的に示そうとした。すなわち、岡山県沼《ぬま》遺跡にみられた住居跡五軒、作業小屋、周溝外の高床倉庫という構成を、経営・消費の単位として「単位集団」と呼んだのである。しかし、単位集団は、共同体そのものではなく、その実体は近親集団であり、周辺に存在する同時期の遺跡と共同で祭祀《さいし》などを行うことで結合しているとした。そして、いくつもの単位集団が結合して水利灌漑などの農業生産上の協業単位である「生産集団」を構成し、水系や地形・環境によってくられる地域社会が「共同体」であると考えた。そして、経営単位と共同体、生産集団間に矛盾が生じ、やがては首長と共同体一般成員、首長間の関係が成立するとする。

このような、単位集団―生産集団―共同体という階層構造には、先にあげたエンゲルスの概念は用いられていない。同時期の研究者では、たとえば和島誠一が近藤の「単位集団」に対して「世帯共同体」の語を用いているのと対照的である。このような近藤の用語体系は、歴史学や他の分野の用語を安易に用いることをいましめ、考古学による体系をまず作り上げようとした姿勢に基づくものであり、それ自体には同意できる。

ただし、近藤はその後すぐに古墳時代における水系ごとの地域集団を「農業共同体的統合体」と呼び（近藤義郎『月の輪古墳』月の輪古墳刊行会、一九六〇年）、縄文時代の共同体を「狩猟採集共同体」と呼ぶ一方、弥生時代の共同体も新しい生産形態のもとに変質し再編されたものとして「農業共同体的地域集団」としている（近藤義郎「弥生文化論」『岩波講座日本歴史』1、岩波書店、一九六二年）。ここに、縄文時代と弥生時代の「共同体」の内容にも言及し、マルクス主義において「家屋と菜園を私有し、分割地耕作と成果を私的に占有する家族が水利灌漑を目的として結合した共同体」を指す用語である「農業共同体」を用いて弥生・古墳時代を語ることになる。

近藤の論調は一九七〇年代になって歴史学・社会人類学の用語をより用いるようになり、縄文時代の集団を血縁紐帯《ちゅうたい》としての単位集団、その結合体としての集団群、集団群の複数の結合からなる部族的結合、あるいは親縁的諸部族の結合といった階層構造を提示している。つまり、「部族」が登場しているのである（近藤義郎『日本考古学研究序説』岩波書店、一九八五年）。しかし、旧石器時代や弥生時代以降については大きな変化がなく、単位集団が旧石器時代から一貫して存在するとされる点にも変化がない。

じつは、近藤の論は都出比呂志《つで》の体系に継承されている。というのも、都出は、住居群を世帯共同体ととらえ、個別経営の単位としての「小経営単位」であり、それらの地域的結合が農業共同体であるとする。そして、小経営単位は狩猟採集社会から一貫して存在するという認識から親族組織が果たした歴史的役割を低く評価するのであるが、単位集団を世帯共同体あるいは小経営単位としただけで、内容は基本的に近藤と同じである（都出比呂志『日本農耕社会の成立過程』岩波書店、一九八九年）。

これらは、いうまでもなく、モルガン、エンゲルスや新進化主義の概念とは異なっている。なによりも、ここには氏族や家族など、実際に生きた原始古代の親族の姿がないのである。その理由として考えられるのは、考古学によってまず体系を構築するために、これらの概念が考古学的現象、すなわち遺構、遺跡、遺跡群、地域に対応して設定されたという点である。それは日本考古学の発展にとっては重要な意味をもったけれども、歴史学、民族学あるいは社会人類学との互換性をなくすことにもなり、モルガン、エンゲルスや新進化主義の体系と対比させる機会を失わせてしまったのではないかと思えるのである。

氏族への誤解

それともう一つ考えられるのが、氏族への理解の問題である。というのも、一九七〇年代における「背後の中国山地が特定氏族の領域として分割されていた形跡が乏しい」「漁労活動は、東日本に比して相対的に広い領域の内部で氏族を単位として行われ、一氏族を超えた協業や労働交換の機会の乏しいものであった」「散在を余儀なくされつづけた個々の氏族は特有の集団関係を結んでいたのである」（春成《はるなり》秀爾《ひでじ》「抜歯の意義1」『考古学研究』20-2、一九七三年）といった表現のように、氏族ごとに居住する地域が違い、氏族が相互に住み分けていたという認識があったようだからである。このような認識に立てば、部族の領域は氏族に分割され、氏族領域の中にいくつかの集落が包摂されるという構造になる。そうすると、氏族は近藤における生産集団、集団群、「農業共同体」などに相当する単位ということになるのだろうか。しかし、これは誤解である。

このような誤解が生じた背景の一つは、モルガンもエンゲルスも氏族を所有と経営を行う実体的な社会単位であるとした点であろう。これでは、あたかも氏族のメンバーが一緒に生産と消費を行うように読み取れるが、これは既述のように、ソダリティーとしての氏族と、居住集団としての出自集団が区別されていないことによる誤解であり、両者を混同してはならない。また、モルガンやエンゲルスの著作で取り上げられた氏族の事例が、セネカ族のロングハウスや集住するプエブロ・インディアンであったり、アテネやローマの氏族であったこともあげられよう。というのも、未開低・中段階のセネカ族やプエブロ族の例では部族領域内での氏族の存在形態が記されていないため、未開高段階以降のアテネやローマにおいて氏族が街区にまとまって居住するあり方が、氏族の存在形態であると誤解してしまうからである。

「ムラ」出自の誤り

さて、日本考古学においても親族関係の研究は行われてきた。ただ、それらの多くは、私が「出自表示論」と呼んだ論理構造をもつ。これは今では「ムラ出自論」と呼んだ方がより適切と思うが、墓群や被葬者をある特徴によって二分し、一方がそのムラで生まれ育った在来者、他方が結婚によって他所からムラに入ってきた婚入者と仮定し、どちらか一方、たとえば婚入者がほとんど女性であれば父系、逆ならば母系、男女ともであれば双系というようにして親族関係を得るという論理である

（田中良之「出自表示論批判」『日本考古学』5、一九九八年）。しかし、これは「ある特徴がムラ出自を表示する」という仮説を前提とするため、検証が必要である。そして、検証は別の方法でなされなければならない。そこで、歯冠計測値による分析をはじめとして、主として人骨の遺伝形質を用いた検証が行われてきた（たとえば、田中良之・土肥直美「二列埋葬墓の婚後居住規定」『日本民族・文化の生成』六興出版、一九八九年、毛利俊雄・奥千奈美「西日本縄文晩期抜歯型式のもつ意味—非頭蓋計測特徴による春成仮説の検討—」『考古学研究』45-1、一九九八年、舟橋京子「土井ヶ浜集団における抜歯の社会的意義」『古文化談叢』45、二〇〇〇年）。そして、それらの多くは棄却という結論であるか、保留というものであり、検証するには至っていない。しかし、それ以前に問題なのは、出自の母体が「ムラ」である点である。

私は、もともと日本考古学における「ムラ出自論」の論拠となったのが、複檀家制と呼ばれる近世～現代の民俗例であり、その社会像は近世以降の社会にむしろ似ていて、未開社会のそれとは異なるため、とうてい先史時代まで遡《さかのぼ》るものではないことを論じた（田中前掲）。未開社会における「出自」は氏族や半族（社会が二つの外婚集団に分かれた場合の一方の外婚単位）などに基づくものであり、集落が出自の母体となることはあり得ないのである。詳細はここであらためてはふれないが、この「ムラ出自論」は、未開社会の実態とはかけ離れた未検証仮説を前提としたものであり、この仮説が棄却された以上、この方法では親族論研究にはアプローチできないことは明らかである。

欧米考古学の親族論

一方、欧米の考古学は社会進化論の体系をふまえて展開している。たとえば、英国の考古学者D・クラークが初期鉄器時代の集落を分析したとき、日本であれば「単位集団」「世帯共同体」「小経営単位」などと呼ぶ住居数件の単位を「extended family（拡大家族）」「lineage（単系出自集団）」の語を用い、周辺遺跡との氏族のネットワークを通じた部族的結合を論じている（Clarke, D. L., 1972 : A Provisional Model of an Iron Age Society and its Settlement System, in〔Clarke ed.〕*Models in Archaeology*, Metuen）。また、アメリカのW・ロングエーカーが集落と墓地の土器を用いて親族関係を分析した研究でも、二つの住居と墓の単位が土器における二群と対応したとき、これらの単位を「在来者と婚入者」にふり分けるのではなく、各々が「matrilineal descent group（母系出自集団）」であると結論する（Longacre, W., 1964 : Archaeology as anthropology : a case study, *Science*, 144.）。これらだけでなく、通常、墓地や集落における単位を「descent or corporate group」と呼ぶのが一般的である。この場合、descent group は出自集団であるが、corporate group は「全体の集団」ではわかりにくいし、「共同体」としても同様である。普通は部族全体や氏族全体を表すときに使われるようであるが、この場合は集落や墓の分節単位であるので、「氏族」や「出自集団」に相当する。

このように、欧米の考古学者がもっている先史時代社会像は、基本的に民族学・社会人類学のものに等しい。つまり、このような社会像が妥当かどうかを含めて議論が進行しているのである。そして、それらは社会人類学はもとより古代史学とも共通の土台に立っており、互換性をもつ。もちろん、安易な当てはめは意味がなく、それをいましめた研究もある。すなわち、アメリカの考古学者J・オシェは、北米インディアンの墓地分析と民族誌との対比から、階層性などの垂直的側面と性・年齢や氏族などの水平的側面が墓地でどのように表れるかを分析した。その結果、垂直的側面は表現されやすいのに対して水平的側面は性・年齢以外は把握しにくいことが明らかとなり、墓地における空間的まとまりを安易に親族集団と捉えることが危険でもあることを指摘しているのである（O'Shea, J. M., 1984 : *Mortuary Variability*, Academic Press）。

「共同体」の意味内容

これらに対して、日本考古学では単位集団や世帯共同体（小経営単位）が結合したものが生産集団あるいは集団群、さらにこれが結合したものが共同体あるいは「農業共同体」や「狩猟採集共同体」という集団観で研究が行われてきた。単位集団や共同体が父系か母系かではその社会の評価が異なるため、これらの集団なり共同体の構造とその特性を知るには親族関係と親族集団の情報が不可欠のはずであるが、父系・母系・双系といった親族関係の研究は、これらの集団観とリンクして行われてきたかというと、疑わしいといわざるを得ない。

たとえば、「農業共同体」という概念は、弥生時代以降の社会に対して当然のように使用されているが、これは「家屋と菜園を私有し、分割地耕作と成果の私的占有を行う家族が、耕地の共有主体である共同体と対立する段階の共同体」であり、あくまでも原始共同体の解体過程にある歴史的な概念である。決して「農業を行っている共同体」という意味ではない。さらに、「農業共同体」の概念はエンゲルスの『起源』とは別の脈絡で出されたものとはいえ、原始共同体の解体過程に現れるものであることから、家族の自立という意味では家父長制家族と関連する。そこで、親族関係においても、近畿地方の弥生中期に父系社会の存在を想定したり（甲元眞之「弥生時代の社会」『古代史発掘4』講談社、一九七五年）、中期前半の北部九州が双系社会であるとしながらも、家父長制家族の萌芽をみたりしてきた（春成秀爾「弥生墓地の構造」『月刊文化財』11月号、一九八五年）。このような用語の使用や認識は、日本考古学の内部に限定する限り、深刻な問題とはなってこなかった。しかし、古代史学や社会人類学と対比するとき、大きなギャップがあることに気付かされるのである。

さて、この項においては、ここまで農業共同体をカッコ付きで表記してきた。それは、上にみたように、マルクスの定義したものとは意味が異なるからである。多くの考古学者は弥生時代から「農業共同体」が存在したことを自明のこととしているかにみえるが、その中で、都出比呂志はマルクスの定義した農業共同体を想定している。すなわち、弥生時代以前からずっとモルガン、エンゲルスが言ったような共同体経営ではなく、住居数軒の単位が経営の単位であったとして、これを「小経営」と呼んでいる。そして、弥生時代から古墳時代の集落、たとえば静岡県小深田遺跡（四世紀）や大阪府大園遺跡（五世紀）のような溝で区画された住居数件と倉庫のセット、あるいは群馬県黒井峯遺跡（六世紀）のようにこれらのセットに菜園を備えた単位が認められることを、「小経営」と農業共同体の存在の根拠とする（都出前掲）。

しかし、これに対して文献史料を用いる古代史研究者は懐疑的であり、住居群の同時性やまとまりとしての妥当性について疑念をもったり、これらは近親の居住集団の結合ではあっても断片的で、固定的な親族集団とはみなせないという批判がすでになされている（明石一紀「書評『日本農耕社会の成立過程』」『歴史学研究』615、一九九一年）。そして、じつは考古学からも、弥生時代における倉庫が共同体管理であるという重要な指摘がなされている（武末純一「倉庫の管理主体」『古文化論叢』児嶋隆人先生喜寿記念事業会、一九九一年）。さらに私は、考古学と形質人類学による親族関係分析に基づいて、父系化と経営単位としての家族の成立はわが国においては五世紀後半であることを示してきた（田中良之『古墳時代親族構造の研究』柏書房、一九九五年）。その内容は次章以降に示すこととなるが、つまりは、現象としての「住居群」は旧石器時代から常に存在するとしても、その内容は歴史的に変化しており、弥生時代にはまだ「成果の私的占有を行う」家族は成立しておらず、したがって農業共同体は成立していないとみるべきなのである。家父長制家族も同様である。そして、農業共同体や家族経営成立以前の「共同体」とは、親族集団そのものであることはいうまでもない。

このような食い違いは、「単位集団」や「共同体」という用語のもと、考古学による体系の構築をめざす一方で、それらの背後にあった実際の家族や親族集団を考慮してこなかったことに起因するといってもいいだろう。だいいち、弥生時代から家父長制家族と農業共同体が存在したのなら、その時点で氏族共同体は解体に向かうことになり、親族集団の組織原理は消滅してしまうはずである。ところが、その後数百年を経た五世紀後半に形成が始まる「氏（ウヂ）」は親族の用語体系と組織原理に基づく。その事実をどう説明するのであろうか。「氏」形成時の親族原理はどこからもってきたというのだろうか。

親族論は集団論

以上のように親族論は、父系・母系・双系という親族関係や家族の構成原理を復元するという文化史的意義をもつだけでなく、むしろ集団論そのものといっていいものである。ところが、日本の考古学では親族関係研究が行われつつも、父系・母系・双系のいずれかに関心が集中し、集団論とリンクすることはほとんどなかった。その要因となったのは、物質文化の考古学的分析を第一とし、その積み重ねによって原始古代社会像を構築しようという態度であると考えられる。

このような態度は、考古学を独立した「歴史学」として体系を構築するというものであり、それ自体は正しい。問題は、考古学による体系構築の後に、他の方法による体系すなわち文献史学・社会人類学などとの対比が行われなかったことにある。そればかりか、考古資料の分析に終始した結果、作業仮説としての考古資料によるモデルが実態として扱われるようになり、結果として集団論と親族論がバラバラに離れてしまったのである。

もちろん、いかに親族論が集団論と不可分であるといっても、民族誌を基礎とした民族学的・社会人類学的モデルに考古学的事象を無批判に当てはめることは逆転した議論であり、誤った社会像へと導くことにもなりかねない。あらためて強調したいが、これらのモデルを検証あるいは修正・再構築するのは考古学のみが行えることである。すなわち、バンド社会や部族社会・首長制社会は日本列島に存在したのか、そうであればどの時期に成立し、どのような構造でどのような変化過程をたどり、その要因は何であったのか、などの問題を明らかにすることは考古学にしかなしえないことなのである。

考古学と古代史

『魏志倭人伝』の家族・親族

日本の原始古代における家族や親族については、わずかながらではあるが、当時の文献史料からイメージを得ることができる。いわゆる『魏志《ぎし》倭人伝《わじんでん》』や、『古事記《こじき》』『日本書紀《にほんしょき》』（以下『記紀《きき》』）、八世紀の戸籍などがそれである。

これらのうち『魏志倭人伝』には、

① 其會同坐起、父子男女無別（その会同・坐起には、父子男女別なし）

② 其俗國大人皆四五婦、下戸或二三婦、婦人不淫、不妬忌（大人は、皆四、五婦、下戸もあるいは二、三婦、婦人は淫せず、妬忌せず）

③ 其國本亦以男子爲王、……共立一女子爲王、……無夫壻《ふせい》、有男弟、佐治國（本また

男子をもって王となし、……ともに一女子を立てて王となす、……夫婿なく、男弟あり、たすけて国を治む）

などの記述がある。このうち①は集会などで座るとき、世代・年齢や男女で席次が決まっていないことを述べている。②は一夫多妻と読める部分である。ただ、この記述だけでは、家父長制家族と決めつけることはできない。対偶家族においても、一夫多妻が見られるからである。③は卑弥呼《ひみこ》と統治形態にふれたくだりであるが、女王卑弥呼には夫がおらず、弟が補佐して国を治めていたと記されている。男女共同統治とも読める。ただ、王の性別については、邪馬台国《やまたいこく》の王をとっても、男王から卑弥呼、卑弥呼から男王、そしてその後に女王台与《とよ》というように、男女いずれも王であり得た社会であることがわかる。

これらは魏の使者たちの目に映ったことを記述したものであり、確固たる父系の宗族をなし、その家父長を第一とする序列化が徹底して、皇帝以下王や官吏も男性であることを前提とするかれらからみると、邪馬台国の習俗は蕃《ばん》族の奇習であると映ったようである。現代の私たちからみても、邪馬台国段階の日本（倭国《わこく》）は、いわゆる父系社会とは違うという印象が得られるだろう。

また、『魏志倭人伝』には、倭人の習俗について「男子無大小皆黥面《げいめん》文身……諸國文身各異、或左或右、或大或小、尊卑有差（男子は大小となく皆黥面文身……諸国の文身各々異り、あるいは左にあるいは右にし、あるいは大にあるいは小に、尊卑差あり）」という記載もある。「黥面」は顔に施した入れ墨、「文身」は体へのものである。したがって、男子は階層の上下にかかわらず皆入れ墨をしており、それが「国」によっても階層によっても異なるというわけである。

『魏志倭人伝』に出てくる「国」とは、たとえば末盧《まつら》国、伊都《いと》国、奴《な》国の間隔が二〇〜三〇キロ程度であることからみても、古代以降の「筑前《ちくぜん》国」のような「国」よりもずっと小さなものであり、部族の領域かそれをいくつか統合した程度の規模であったと考えられる。つまり「国」ごとに入れ墨が違うということは、元来は部族ごとに違う入れ墨をして区別していた可能性を示しているのである。そして、そのような部族領域程度の範囲の中で階層によって入れ墨が違うということは、階層化する前にも入れ墨のヴァリエーションがあった可能性を示している。すなわち、地域社会を構成する氏族ごとの表現であったものが、氏族間・氏族内の階層序列とともに階層表示へと変化したと考えることができるのである。

『記紀』と戸籍

さて、『記紀』を読んでみると、大王・天皇や諸豪族の長は男性であり、複数の妻をもつと記載されていることがわかる。そして、推古《すいこ》女帝に始まる女性大王・天皇も、父系の女子であり、その後は男帝へと継承されるのが原則である。したがって、父系の社会を強く印象付ける内容となっている。

また、『記紀』には諸豪族を「氏（ウヂ）」として記している。「葛城氏《かつらぎ》」「蘇我氏《そが》」などの「氏」である。そして、「氏」が「氏上（ウヂノカミ）」と「氏人（ウヂビト）」とが血縁関係によって結ばれた集団であり、その系譜の多くは大王家系譜に連なることが記されている。つまり、文化人類学にいう氏族のような集団として記述されているのである。

そして、埼玉県行田市稲荷山古墳《ぎょうだいなりやま》出土の鉄剣に記された銘文には、八代の父系系譜が記され、鉄剣を作らせた「乎獲居臣（ヲワケの臣）」の「上祖」は「意富比垝（オオヒコ）」と記されていた。「オオヒコ」とは孝元《こうげん》天皇の皇子で四道将軍《しどうしょうぐん》の一人として北陸に派遣されたとされる伝承上の人物であり、阿倍臣《あべのおみ》、膳臣《かしわで》、阿閉臣《あへ》、狭狭城山君《ささきのやまのきみ》、筑紫国造《つくしのくにのみやつこ》、越国造《こしのくにのみやつこ》、伊賀臣《いが》の始祖とされている人物である。この鉄剣銘には「辛亥年」「獲加多支鹵（ワカタケル）大王」の文字があり、いわゆる雄略《ゆうりやく》天皇治世下の四七二年の作であることが知られる。したがって、五世紀後半には少なくとも大王家と関連させた父系系譜が作られていたことがわかるのである。ただ、これについては、系譜に記された最後の三代が実在であり、それ以前は架空の人物をつないだとする説（岸俊男・田中稔・狩野久『銘文の釈読と解説』埼玉県教育委員会、一九七九年）などがあり、この系譜の始祖の時期から父系であったという証拠にはならない。また、この銘文には「乎獲居臣」の氏名（ウヂナ）が記されておらず、諸豪族の「～氏」という表現がこの時期にはまだなかったことも

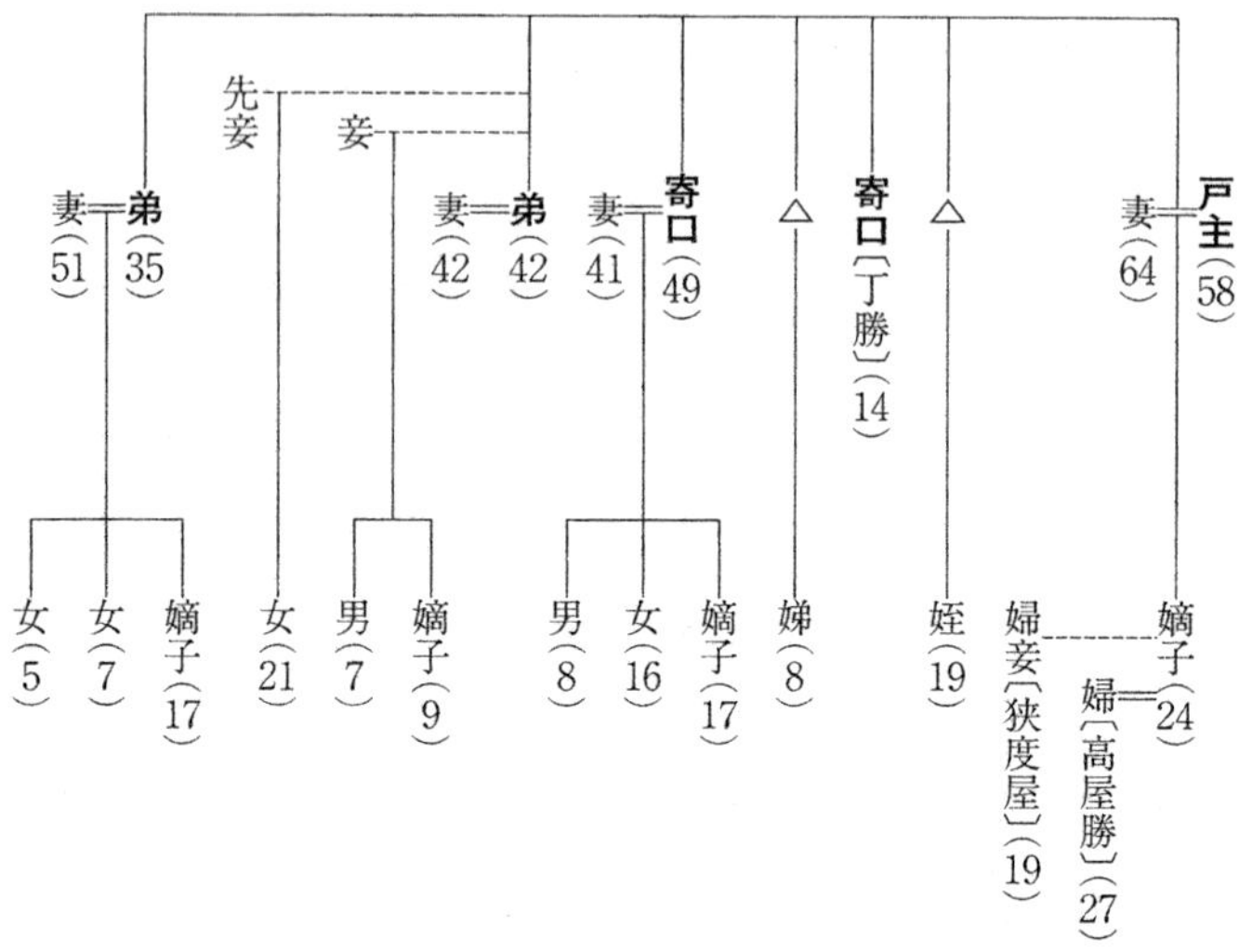

図1　古代の戸籍（秦部百江の戸　豊前国丁里，門脇禎二『日本古代共同体の研究』東京大学出版会，1960年より）

うかがえる。

わが国には大宝《たいほう》二年（七〇二）のものを最古とする古代の戸籍が残されており、九州から関東まで各地の古代家族をイメージする格好の素材となっている。その家族とは、図1に示したように、戸主を中心にして戸主の弟や従兄弟たちの世帯を含み、「寄口《きこう》」と記された人たちの世帯や奴婢《ぬひ》を含むこともある。この全体を「郷戸《ごうこ》」と呼び、個々の世帯を「房戸《ぼうこ》」と呼ぶ。また、寄口については、不明な点が多いものの、奴婢ではなく良民であること、郷戸主と別姓であることも少なくないことから、婚姻によって結ばれた親類（姻族）ではないかと考えられている。

寄口(39)═妻(34)
　├ 嫡子(17)
　└ 女(2)
寄口男(64)
〃女(63)

いずれにしても、古代の家族はけっこうな大家族として記載されている。そして、このような大家族は、男性の戸主を中心としており、一夫多妻の場合も多く、複数の世帯が一つの戸をなすことから、「家父長制的世帯共同体」という評価がなされてきたのである（石母田正《いしもだしょう》「奈良時代農民の婚姻形態に関する一考察」『歴史学研究』70・72、一九三九年、藤間生大《とうませいた》『日本古代国家』伊藤書店、一九四六年など）。

　このように、文献に記された内容から受けるイメージは、三世紀から一夫多妻の親族・家族関係であり、古墳時代以降は父系社会を想起させるものである。しかし、『魏志倭人伝』や『記紀』は、中国的な親族・家族観に基づいて記載され、とくに『記紀』には律令《りつりょう》期の潤色の可能性が強いことから、八世紀以前の実態をそのまま伝えているか疑わしい面がある。また、八世紀の戸籍についても、当時の実際の家族を記載したという「実態説」とともに、律令国家の要請に基づき、父系的に操作して記載されたという「擬制説」が古くから主張されてきた。そして、『魏志倭人伝』には、邪馬台国の王の継承が男性→女性（卑弥呼）→男性→女性（台与）という順序で行われたと記載され、会席等に男女や世代の序列がないなど、父系社会のイメージとは異なる記載も含んでいるのである。したがって、文献に記載された内容からは、少なくとも「原始古代は一貫した父系社会であったとは考えられない」とだけはいえそうである。

古代史の双系説

日本の古代史学では、古代の戸籍の記載を実態とみなして家父長制的世帯共同体を基礎とする父系社会であるとしてきた。ところが、この二〇年ほどは、文献にあらわれた親族名称（たとえばオジ・オバ）が父方と母方と同じであること、相続法や氏の系譜などを根拠として、双系的特質を強調する学説が主流を占めるようになっている（吉田孝『律令国家と古代の社会』岩波書店、一九八三年、義江明子『日本古代の氏の構造』吉川弘文館、一九八六年、明石一紀『日本古代の親族構造』吉川弘文館、一九九〇年）。

すなわち、古墳時代の後半期には氏の形成が始まり、王権が強化されて支配層には父系意識が生じるものの、農民層（被支配層）の親族関係は奈良時代まで双系のままであり、共同体経営が存続するというのである。したがって、律令国家が共同体の上に国家機構を乗せたものであったと説明するこの立場に立てば、弥生時代から奈良時代まで双系社会であり、八世紀の戸籍もまったくの擬制であって、家父長制家族など存在していなかったことになるだろう。

しかし、この双系説においても父系化を否定するわけではなく、双系的特質が奈良時代まで残るという主張である。そうすると、父系化した社会に残存する双系的特質と、実態としての双系の特徴とを区別する必要がある。つまり、親族名称などは簡単に変化するものではなく、父系的社会となってもそのまま双系的親族名称が用いられることは十分考えられるからである。相続法にしても、唐ほどではないにせよ、父系に篤いことは事実であり、氏族系譜で両属的と指摘される点（義江前掲）も、一時的な母系への逸脱という父系社会にみられる現象であるという批判もある（清水昭俊「ウヂの親族構造」『ウヂとイエ（日本の古代11）』中央公論社、一九八七年）。

そして、なによりも、全国の戸籍がすべて擬制であるという点に無理があるように思える。戸籍は誰かに見せるものでもなく、人民把握や徴兵・徴税の根拠となるものだけに、それをあえて実態と異なるかたちで記録しては、行政的に大きな支障をきたすはずだからである。それに、だいいち、全国津々浦々で戸籍を実態とは違うものに書き換えるような、末端まで徹底したシステムをもった国家機構ならば、そのようなことを行う必要などなかったのではないだろうか。

考古学父系説の背景

さて、日本考古学においては、古墳時代研究に大きな足跡を残した小林行雄が男系世襲制の社会となったことを以て古墳時代の開始として以来（小林行雄「古墳の発生の歴史的意義」『史林』38-1、一九五五年）、基本的に父系の社会であったという結論を導き出してきた。そして、その傾向は弥生時代研究にも遡《そ》及《きゅう》し、近畿地方の弥生中期に父系社会の存在を想定したり（甲元前掲）、中期前半の北部九州が双系社会であるとしながらも家父長制家族の萌芽をみ（春成前掲、一九八五年）、中期後半には農業共同体の存在を考え、「家屋と菜園を私有し、分割地耕作と成果の私的占有を行う家族」の成立を想定したりしている（近藤前掲、一九六二年、都出前掲）。

さて、ここで考古学における父系説の骨格を提供したともいえる小林の男系世襲制説をもう少し検討してみよう。小林説は、女王がいた弥生時代に対して、古墳時代は代々男性の天皇が在位したとして、男系世襲制の確立が弥生時代と古墳時代を画するとしたものである。しかし、その論拠は、主として『記紀』における仁徳《にんとく》朝前後の皇位継承争いが男子によってなされた点くらいであり、多分に観念的である。むしろ、この説は女王を擁する邪馬台国を弥生時代に位置付け、それとは質的に異なるものとして古墳時代の社会を評価することに趣旨があったとも考えられる。

というのも、小林自身は第二次大戦前は、最古の古墳は邪馬台国の時期に築造されたと考えており、戦後になって男系世襲制と古墳時代を結合させたふしがあるからである。じつは、小林は戦前、前方後円墳の計測値で古墳の編年を行った際には、最古の古墳を紀元二五〇年よりやや古く考えていて（図2）、戦後の年代観より六〇年ほど古くしていたの

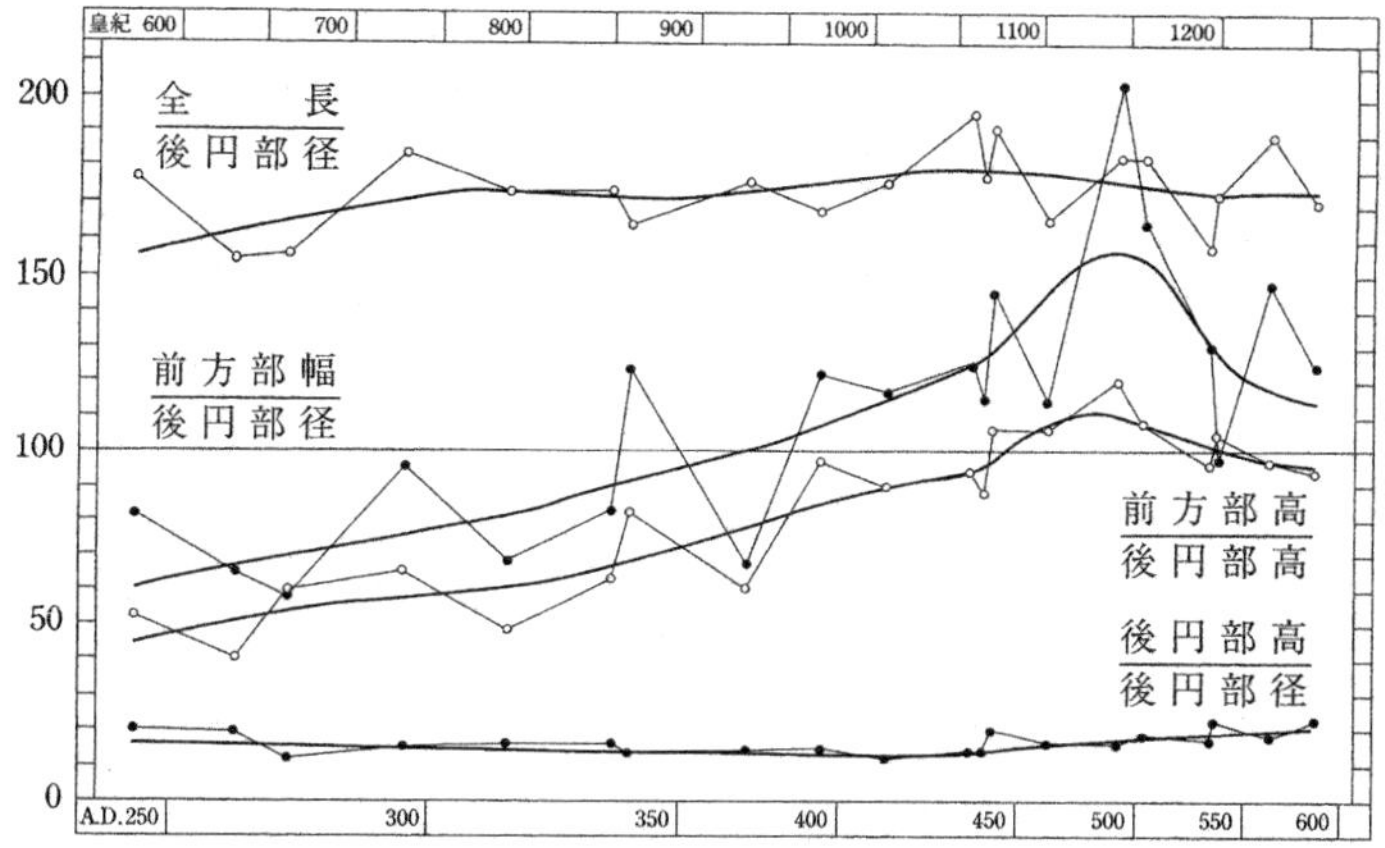

図2　小林行雄の戦前における古墳時代年代観（小林「前方後円墳」『考古学』8-1，1937年より）

である。この戦前における年代観は、日本出土中国鏡によって得られた年代観であり、小林説を取らない研究者たちによって戦後も継承されてきた（たとえば岡崎敬「日本考古学の方法」『古代の日本』9、角川書店、一九七一年）。そして、年輪年代による補強を経て、こんにちではむしろ古墳の起源を三世紀中葉に求めることが主流となりつつある。つまり、戦前に戻ったわけである。

このような戦前から戦後の研究史を見ると、小林一人が古墳時代の始まりを新しく考えて、大きく年代観を変化させ、かつその後の研究動向に支配的影響を与えたことがわかる。では、小林が年代観を変えたのはなぜだろうか。もちろん、「古墳の主《あるじ》たる王様は男でなければおかしい」といった素朴な先入観ではない。

小林がこの説を打ち出した一九五五年当時の歴史学界はマルクス主義の影響が強く、国家成立の前提として家父長制家族は不可欠とされていた。日本のほとんどの地域で前方後円墳が造られる古墳時代が、わが国最初の統一的政治体制であるとしていた小林は、これを国家の成立と考えていたのではないだろうか。国家とするためには、女王がいる邪馬台国は不都合であり、そのため、男系世襲制の採用により、女王がいた邪馬台国とは断絶したものとして古墳時代を位置付けようとしたのではないかと思えるのである。そして、その断絶を年代的に示す意図で有名な伝世鏡論が展開され、卑弥呼が魏からもらった鏡は古墳に副葬されているが、それらは配布されてから「n年」の伝世を経て埋葬されたものであって、古墳の築造年代を示すものではないとしたのであろう。

矛盾する被葬者構成

それゆえに、男系世襲制であるという根拠としてあげられているのは、上記のように『記紀』の皇位継承争いの記事くらいであり、実証性に乏しく、具体的事実に照らしてみれば不都合な部分がみられる。

たとえば古墳時代前半期の被葬者の例である。前半期における複数埋葬例の被葬者構成は、複数の男性、複数の女性、男性＋女性、男性一人に複数の女性、女性一人に複数の男性、男性複数＋女性複数、男性＋幼小児、女性＋幼小児、男女＋幼小児といったように、男性・女性・幼小児からなる全ての組み合わせが認められる。また、単体埋葬にも男性の場合だけでなく、女性の場合も認められる。小林は、このような前半期の被葬者の構成については首長とその血縁者であり、後半期になってから夫婦を基本とした家族墓となるという（小林行雄『古墳の話』岩波書店、一九五九年）。

つまり、男系世襲制を前提とする小林の立場からみると、古墳時代前半期の複数埋葬の被葬者は、男性首長とその血縁者が選択されたということになるわけである。しかし、前半期の複数埋葬例に必ず男性被葬者が含まれるわけではなく、女性の単体埋葬も少なくないため、小林説では説明できるものではない。じっさい、女性の単体埋葬を女性首長の事例とする今井堯の説も提示されている（今井堯「古墳時代前期における女性の地位」『歴史評論』一九八一(2)、一九八二年）。ただ、このような事例に対しても、「首長の妻」あるいは「畿内豪族の地方における妻」といった解釈が出されて、小林説は擁護されているのである（間壁葭子「考古学からみた女性の仕事と文化」『女性の力（日本の古代12）』中央公論社、一九八七年）。

対立の意味

このように、これまで父系社会を想定する考古学と双系社会を考える古代史という対立があった。しかも、双系説の立場は農民層における共同体の解体を基本的に認めず、共同体経営であったと主張する。したがって、モルガン、エンゲルスのいう家父長制家族はもちろん、それにかわる形態であっても「家族による経営」は認めないわけである。一方、「日本考古学における親族論」でも述べたように、弥生時代から家父長制家族と農業共同体の存在を想定する立場をとると、その時点で氏族共同体は解体したことになってしまう。ところが、その後数百年を経た五世紀後半に成立した物部《もののべ》や蘇我《そが》などの「氏」は、親族の用語体系と組織原理によって構成されている。弥生時代に氏族共同体が解体したのならば、「氏」は何をモデルとして形成されたというのだろうか。説明がつかないのである。

この対立は、もちろん資料と方法の違いに基づくものであり、事実によって解決しなければならない。ただ、考古学の方をみてみると、これまでの議論は被葬者の構成などに基づいてさまざまな仮説を提示しても、それを検証する努力はあまりなされてこなかった。これは大きな問題であり、欠陥でもある（田中前掲、一九九八年）。

このような「解釈」や「検証なき仮説」の再生産に対して、私はこれまで埋葬遺跡の考古学的情報から得られた仮説を、出土人骨の遺伝的形質（主として歯冠計測値）を用いて検証するという方法で被葬者間の親族関係を分析してきた。そして、原始古代の親族構造について一定のまとめを行っており（田中前掲、一九九五年、田中良之「墓地からみた親族・家族」『古代史の論点2』小学館、二〇〇〇年）、同様な研究例も増加しつつある（沼上省一「歯冠計測の結果」『出山横穴墓群8号墓Ⅱ』三鷹市教育委員会、一九九七年、舟橋前掲、清家章「近畿古墳時代人の埋葬原理」『考古学研究』49-1、二〇〇二年）。それを受けて現在は対立は弱まりつつある。すなわち、古代史では奈良時代まで双系社会を考える研究者は減りつつあるように思えるし、考古学においてもむやみに弥生時代から父系説を取る研究者は減ってきている。しかし、学説は研究者の多数決で決めるようなものではない。正しい分析法に基づく正当な根拠によって検証された学説のみが事実として認定されていくものである。では、以下に私のとっている方法について、その有効性と限界を簡単に述べることにしたい。

方法の有効性と限界

考古学の限界

すでに述べてきたように、日本の考古学では、集団墓地の分析から親族関係に迫ろうとする研究が主流をなした。つまり、墓地を墓域や頭位、抜歯型式などを根拠にして二群を設定し、一方をそのムラの出身者の群、他方を結婚によってそのムラに入ってきた人々の群と仮定したうえで、在来者と推定した群の性構成から親族構造を論じるものである。しかし、ムラ出自仮説は未検証というより、もはや棄却された仮説であり（田中前掲一九九五・一九九八年、舟橋前掲）、この方法自体は無効といわざるを得ない。

では、親族関係というものは考古学ではまったく歯が立たない難物なのかというと、そうでもない。アメリカのJ・ディーツ、W・ロングエイカーなどは、住居跡から出土する土器の要素を細分し、土器作りの情報が母娘相伝でなされるという前提のもとに、住居跡ごとに要素間の相関、すなわち家ごとの土器の類似度を求めて、結婚後の居住形態を検討した。つまり、母系制の社会なら結婚によって娘が家を出ていかない妻方居住婚であり、女性の血縁者が累代で蓄積されるため、土器はお互いにきわめて似たものになる。父系社会の場合は、その逆で、女性が結婚のたびに外に出て行ってしまって、姑と嫁は別々の土器作りの流儀となるため、土器の類似度はそれほどでもない、という仮定で議論を行った（Deetz, J., 1965 : The dynamics of stylistic change in Arikara ceramics, *Illinois Studies in Anthropology* 4, Illinois University Press. Longacre 前掲）。

この方法はなかなか魅力的であるが、ディーツらの土器作りの技法が母から娘へと直接伝えられるという前提に関し、必ずしも母から娘が土器作りを伝えられるわけではないとの批判が出されている（Hodder, I., 1982 : *Symbols in action*, Cambridge University Press）。また、住居跡から出土する土器がその家の住人のものかという考古学的評価についても問題があり、普遍的に適用できるものとはいいがたい。つまり、ディーツらは血縁関係にある女性が集団に累積されるかどうかを、土器を通して知ろうとしたのであるが、それが不確かであるということになったわけである。

しかし、他に集団における女性（男性）の血縁者の累積を知りうるものがあれば、いいわけである。そして、実際の血縁者との間に介在するものが少ないにこしたことはない。そこで、ヒトそのもの、すなわち人骨の分析が登場してきた。

ヒトそのものを分析

R・レインとA・サブレットは、遺伝性が高いとされる頭骨の小変異を用いて、ペンシルバニアの墓地出土人骨を地点ごと、あるいは地点間で、男性同士、女性同士の類似度を求めて親族関係を分析した（Lane, R. and A. Sublett, 1974 : Osteology of social organization : residence pattern, *American Antiquity*, 37(2)）。考え方はディーツらと同じである。また、M・スペンスも同じく頭骨小変異を用いた累積類似度法によってメキシコ・テオティワカンの出土人骨を分析しているが、これは個体同士の小変異の一致を集計して男性同士と女性同士の類似度を統計的に比較するという分析であり、より洗練されている（Spence, M. W., 1974 : *Residential practices and the distribution of skeletal traits in Teothiyacan*, Mexico. Man, 9 (N. S.)）。また、日本でも池田次郎が島根県の横穴墓の被葬者のすべてが、なんらかの変異を共有していることから、すべて血縁者であると推定した例がある（池田次郎「島根県能義郡広瀬町本郷上口遺跡」『季刊人類学』16(3)、一九八五年）。

たしかに、頭骨の形態小変異の中には遺伝性が高いものがあり、それらは出現頻度も低いことから、他人であることを排除する確率は高く、そのような小変異が認められた場合には、非常に有効であると考えられる。しかし、出現頻度自体が低いため、血縁者を見いだす確率も低く、すべての出土人骨には適用できないという矛盾がある。また、スペンスの累積類似度法も、理論的には有効と考えられるが、頭骨小変異は出現頻度が小変異ごとに異なり、遺伝性もそれぞれ異なることから、類似度の求め方に問題がある。

これらの他に、人骨から得られた血液型から親族関係を論じたものもあるが（水野正好「向原第6号墳の被葬者」『向原古墳群』奈良大学考古学研究室調査報告書6、一九八二年）、ABO式血液型だけで分析されているため、血縁者の抽出というよりは、親子・キョウダイではありえない関係を指摘できるのみである。また、最近では古人骨からDNAを抽出できるようになっているが、今のところミトコンドリアであり、ミトコンドリアは母からしか遺伝しないため、「母子関係や同母キョウダイではない」ということしか知ることはできない。同じ遺伝子タイプでも血縁というわけにはいかないのである。

歯の有効性

これらに対し、歯冠計測値を使った分析は実際の遺跡出土の人骨を用いて親族関係を推定するうえで実用性が高い。歯は咬耗《こうもう》によって摩耗する場合や虫歯を除けば、いったん形成されると形やサイズが変わることはなく、子供でも永久歯ならば成人と一緒に分析できる利点もあり、人骨の中で最も保存の良い部位でもあるからである。このような利点と、歯の形態や比例に高い遺伝性があることに最初に着目したのは自然人類学者の埴原和郎《はにわらかずろう》らで、縄文時代の岩手県上里遺跡の七体の被葬者の歯冠近遠心径（歯の幅）六項目を用いて統計的処理を行って、被葬者の親族関係モデルを提示した（埴原和郎・山内昭雄・溝口優司「岩手県二戸市上里遺跡出土人骨の血縁性に関する統計的推定」『人類学雑誌』91(1)、一九八三年）。

これに関心をもった私たちは、歯冠近遠心径に加えて、同様に遺伝性が高いと考えられている頰舌径《きょうぜつけい》（歯の厚み）を用いることで歯の比例に形態の要素も含め、出土人骨に適用してみた。ところが、その過程で歯種の組み合わせを変えると、かならずしも安定した結果が得られない。その理由としては、それまでの歯の遺伝性の研究成果から、歯の遺伝因子が前歯と後歯で異なるなどが考えられた。

そこで、血縁者の推定に有効な組み合わせを得るために、現代の親子・兄弟・姉妹やイトコなど、具体的な血縁関係にある人々から歯型を採取して歯を計測し、個体間の類似を統計的に計算するQモード相関係数を歯の組み合わせごとに求め、それらを現代人の他人同士の値と比較して、統計的に有意であるかどうかを検定した。その結果、血縁者の推定に有効な組み合わせとそうではない組み合わせがあることが明らかになってきたのである。

それらの詳細についてはすでに公表しているので（土肥直美・田中良之・船越公威「歯冠

計測値による血縁者推定法と古人骨への応用」『人類学雑誌』94(2)、一九八六年)、本書ではあらためて述べることはしないが、有効な組み合わせの中には血縁関係がイトコまで離れると有意差がなくなる組み合わせがあることは重要である。

群と個体の適用法

出土人骨の血縁関係の推定を行う場合、古墳出土人骨のような数体の被葬者同士の関係を扱う場合と、何十体という集団墓地の被葬者を扱う場合では、その適用方法がやや異なってくる。集団墓地の場合は、被葬者たちの細かい時間的関係はわからないことがほとんどである。歯冠計測値による血縁者推定は、組み合わせによってはイトコまで親等が離れると他人と同様という結果が出るので、世代的に近い個体同士でしか有効ではない。ということは、集団墓地の場合は間断なく営まれた墓地であったことが条件となる。そして、個体間のQモード相関係数を求め、男性同士、女性同士の値を集計して、相互の比較および他人同士の値との比較を行うことによって、父系・母系・双系の判断をすることができる。また、近接した時期であり、かつ小群としてまとまっているものについては個体間の値で血縁関係を推定し、相互の関係を論じることもできる。

古墳のような単位がはっきりし、時間的にも同時期か近接していることが明らかな墓に埋葬された複数の被葬者については、個体間のQモード相関係数を求め、それによって血縁関係を得ることができる。ただし、この血縁者推定法では、相関係数が〇・五〇〇以上での値であれば血縁関係にあると推定しているが、八〇%を超える血縁者抽出レベルで有効としているため、数種類の血液型を重ね合わせたり、核DNAを用いた方法のような高い精度ではない。つまり、相関係数の値が〇・五〇〇以上の場合でも他人である可能性が若干あるわけである。したがって、分析を有効なものとするには、まず被葬者相互の親族関係をいくつも想定してモデルを作製し、それを歯冠計測値を用いた血縁者推定法で検証あるいは棄却することで結論を得るようにしなければならない。そして、分析事例を重ねていって関係のパターン化ができれば、このような「ノイズ」を除くことができるのである。

考古情報の重要性

さて、人類学的分析で結果が得られても、漠然と血縁者を含むという程度の情報では、親族関係の研究にはほとんど貢献することもできない。具体的な家族の姿はそれではわからないからである。さらに、複数の被葬者に歯冠計測値による分析を行って、血縁者を含む親族であることが明らかになったとしても、その具体的な関係を知ることはできない。「考古学における家族と親族」に述べたように、同墓の被葬者であっても同時埋葬ということはまずなく、追葬の場合がほとんどであるからである。つまり、追葬までの間隔が二〇年にもなると、人骨は同世代であっても、生前は二世代であったことになるのである。

具体的な関係を知るためには血縁関係の推定結果だけでなく、他の情報が必要である。まず、被葬者の埋葬順位が確定していなければ世代構成の復元どころの話ではなくなる。また、人骨の推定死亡年齢だけでなく、埋葬間隔についての情報がなければ、世代構成の復元は不可能である。なぜなら、死亡年齢は同世代でも、埋葬間隔が二〇年もあれば二世代であったことになるからである。その点では、副葬品の年代、埋土や墓道の追葬痕跡と黒色化の観察などが有効であるが、最も雄弁なのは人骨の片付けの状態である。つまり、追葬の際に先に埋葬された遺体を片付けてしまうことがあるが、その時に人骨の関節がつながっていたか外れていたかが重要な情報となる。というのも、関節を固定している靭帯や軟骨が腐朽してしまうのには一〇年ほどかかるという民俗例があるからである。

親族関係の復元には人骨の分析が重要であることはもちろんであるが、このような考古学的な情報、とくに発掘調査の現場における徹底的な観察が重要であることを強調しておきたい。そして、これらをもとに、被葬者の生前の性・年齢構成を復元し、親族関係モデルを作成することがまず必要であり、そのうえで歯冠計測値を用いた分析結果からモデルを検証し、最も妥当な親族関係モデルを選択するわけである。

基層をなした双系社会

縄文時代の親族関係

抜歯と親族

私は古墳時代を主な対象として親族関係の分析を行ってきたが、縄文時代についてもいくつか検討を行ったことがあるので、ここではその事例について述べることにしたい。また、分析結果をふまえて得られる縄文時代の社会像については「家族・親族からみた古代社会」の章で論じることにしたい。ただ、縄文時代の親族関係については、抜歯型式との関係で論じられてきた経緯がある。これは春成秀爾《はるなりひでじ》によるものであるが、風習的抜歯の型式を上顎の犬歯を二本抜いた後に下顎の犬歯も抜いてしまう「2C系」と、下顎は切歯四本を抜く「4I系」に大別し、前者が結婚で外部から入ってきた人物の抜歯、後者がその集落で生まれ育った人物の抜歯と考えるものである（春成秀爾「縄文晩期の婚後居住規定」『岡山大学法文学部学術紀要』40、一九七九年）。いわゆる「ムラ出自論」である。

これについては、私や舟橋京子によって否定されるにいたっており（田中「出自表示論批判」『日本考古学』5、一九九八年、舟橋「縄文時代の抜歯施行年齢と儀礼的意味」『考古学研究』50-1、二〇〇三年）、そもそも前提となる「ムラ出自」自体が、もともと近世以降の民俗例に基づいていること、未開社会ではありえないことなどから、仮説としては棄却されているものである（田中前掲）。ただ、抜歯型式に二系統あることについては、何らかの表現であることは想像に難くないため、「家族・親族からみた古代社会」の章であらためて論じることにしたい。

伊川津貝塚の親族関係

伊川津《いかわづ》貝塚は、愛知県の海岸部に位置し、これまで数次の調査が行われているが、分析を行ったのは一九八四年に調査された資料である。縄文晩期前葉（I・II期）からそれに後続する時期（III期）に属する四四体の人骨が出土している。また、6号墓は一三体を集骨したものであり、何らかの社会的関係に基づいて集骨されたことを予想させるものである。また、これらの人骨のうち抜歯が確認できたものは、4I系の19号人骨を除けばすべて2C系である。

歯冠計測値による分析結果を表1に示す。前章で述べたように、この分析法では〇・五〇〇以上のQモード相関係数が得られたペアを血縁者と推定しているが、$P^1P^2M^1$（上顎の

表1　伊川津出土人骨および現代人非血縁者の
Qモード相関係数

歯種の組み合わせ	集団	ペア	平均値
UP1P2M1	1-2期男性	3	0.815
	1-3期男性	10	0.513***
	現代非血縁者	200	0.019
UP2M1LP2M1M2	1-2期男性	14	0.434***
	1-3期男性	28	0.401***
	現代非血縁者	200	0.074

***は現代人非血縁者との有意差の危険率0.1%を示す（田中・土肥1988年より）.

第一・二小臼歯と第一大臼歯）の組み合わせで、Ⅰ～Ⅲ期の一〇組中六組で〇・五〇〇以上の高い値が得られた。また、男女間においても高い値が得られている。そして、これらの平均値をみると、Ⅰ・Ⅱ期の男性三体で〇・八一五（三ペア）。Ⅱ期を含めた男性五体で〇・五一三（一〇ペア）と高い値を示し、Ⅰ～Ⅲ期の男性と現代人他人同士との間に有意差が認められた。やや不規則な組み合わせではあるが、$P^2M^1P_2M_1M_2$（上下顎の第二小臼歯・第一大臼歯と下顎の第二大臼歯）の組み合わせでは、Ⅰ・Ⅱ期の男性は六体で平均値〇・四三四（一四ペア）、Ⅲ期をも含めると八体で平均〇・四〇一（二八ペア）という値が得られた。そして、この二つの組み合わせでも現代人他人同士との間に有意差が認められた（田中良之・土肥直美「出土人骨の親族関係の推定」『伊川津遺跡』愛知県渥美町教育委員会、一九八八年）。

これらの結果は、伊川津貝塚の墓地被葬者のうち、少なくとも男性に血縁者が含まれていることを示している。これによって、結婚後も男性が集団にとどまる夫方居住婚か、嫁取りと婿取りの双方が混在する選択居住婚のどちらかであることがわかるが、女性同士の有効な値が得られていないので、夫方居住婚と断定することはできない。したがって、少なくとも双系の社会であり、父系の可能性を残すという判断となる。

津雲貝塚の親族関係

津雲《つくも》貝塚は、岡山県笠岡市の瀬戸内海に面した貝塚で、古くから調査が行われていたが、分析に用いたのは、一九一九〜一九二〇年に京都大学によって調査された、出土状態が明らかな資料である。伊川津貝塚よりもやや先行するか同時期であると考えられる。墓群は図3のように、おおむね東西に展開しており、二群かいくつかの小群に分かれるようにもみえるが、いずれも明瞭ではない。おそらく、本来は何らかの群に分かれていたものと考えられるが、埋葬が重なるうちに境界が不明瞭化したものと思われる。

さて、分析の結果は表2の通りである。サンプル数は必ずしも多くはないが、$P^1P^2M^1$（上顎の第一・二小臼歯と第一大臼歯）で男性〇・三四五（三五ペア）、女性〇・三二〇（一〇ペア）というQモード相関係数の値が得られた。これらは現代人血縁者の〇・三一五に近い値であり、いずれも現代人他人同士の値との間に有意差が認められた。$P^1P^2M^1P_1P_2M^1$

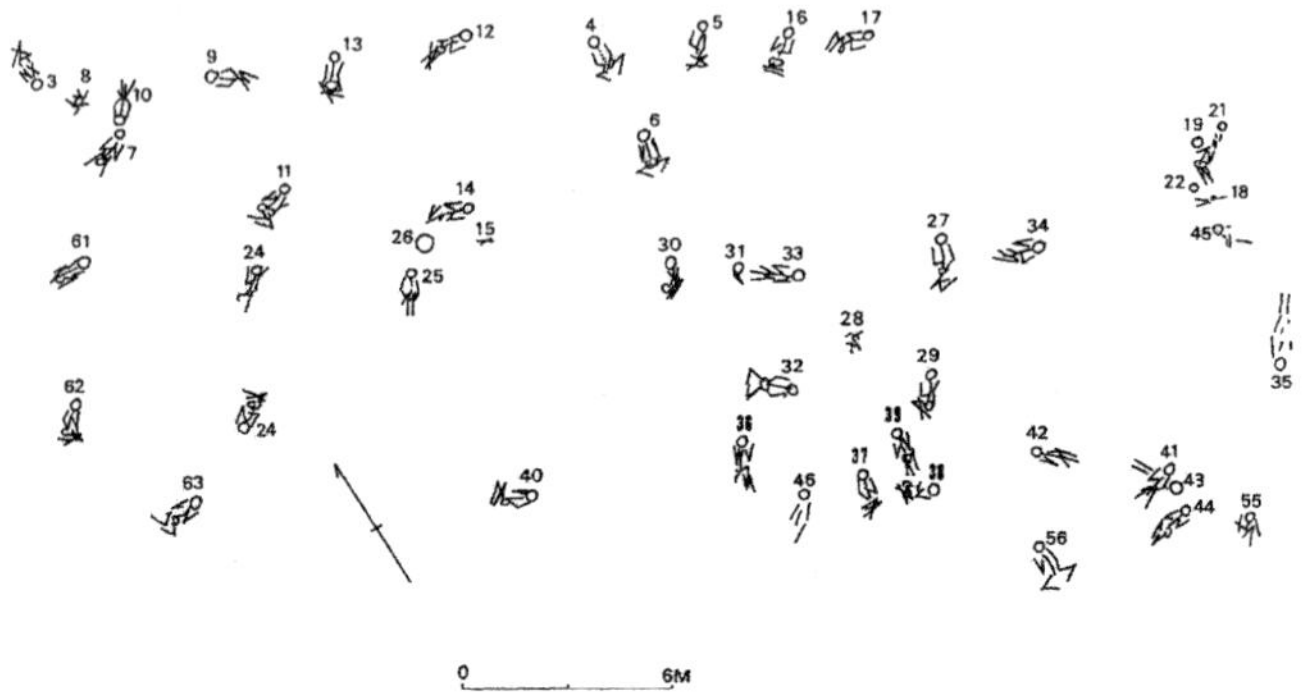

図3　津雲貝塚墓地（京都帝国大学文学部考古学研究室『備中津雲貝塚發掘報告・肥後轟貝塚發掘報告』1920年より）

表2　津雲出土人骨および現代人非血縁者のQモード相関係数

歯種の組み合わせ	集団	ペア	平均値
UP1P2M1	男性	35	0.345***
	女性	10	0.320*
	現代非血縁者	200	0.019
UP1P2M1LP1P2M1	男性	20	0.426**
	女性	13	0.407***
	現代非血縁者	200	0.074
UM1M2LM1M2	2C系抜歯人骨	15	0.498*
	4I系抜歯人骨	20	0.486***
	現代非血縁者	200	0.189

現代人非血縁者との有意水準：***0.1%，**1%，*5%（田中・土肥1988年より）.

（上下顎の第一・二小臼歯と第一大臼歯）における男性〇・四二六（二〇ペア）、女性〇・四〇七（一三ペア）という値も、現代人血縁者の〇・三六四に近く、やはり現代人他人同士との間に有意差が認められた。このように、男女とも血縁者が含まれるという結果が得られ、男同士と女同士の値にもほとんど差はない。したがって、津雲貝塚においては選択居住婚であり、双系の社会であったと考えていいだろう。

また、抜歯型式との関係では、$M^1M^2M_1M_2$（上下顎の第一・二大臼歯）で2C系抜歯群〇・四九八（一五ペア）、4I系抜歯群〇・四八六（二〇ペア）という値が得られ、現代人血縁者の〇・五三九という値に近い。そして、二つの抜歯型式の間には有意差はなかったのに対し、2C系、4I系とも現代人他人同士との間に有意差が認められた。

縄文時代の親族関係

このような少数の事例しかないものの、この二遺跡の分析結果は縄文時代の少なくとも西日本においては双系の社会であったことを示すものであった。また、一〇〇体以上を一括して埋めていた茨城県中妻《なかづま》貝塚の人骨を歯冠計測値を用いて分析した松村博文・西本豊弘の結果によれば、男性同士でも女性同士でも高い値が得られている（松村・西本「中妻貝塚出土多数合葬人骨の歯冠計測値にもとづく血縁関係」『動物考古学』6、一九九六年）。したがって、関東地方においても双系の社会であった可能性が高いといえよう。

また、西日本の縄文晩期が双系社会であった点は別の意味でも重要であろう。というのも、縄文時代の晩期には朝鮮半島から稲作農耕とともに渡来人がやってくるが、その受け入れにあたっては平和的に受け入れ、在来の縄文人と共住しながら混血が進行したと考えられるからである（田中良之「いわゆる渡来説の再検討」『日本における初期弥生文化の成立』文献出版、一九九一年）。つまり、渡来人に対して寛容であったことの要因の一つは、メンバーシップの取り方が父系や母系の社会よりは寛容もしくはルーズな双系社会にあったのである。

弥生時代の親族関係

土井ヶ浜遺跡の事例

弥生時代の分析例もそれほど多くなく、とくに開始期のものはない。分析を行ったうちで最も古い時期のものは、前期末〜中期初頭の山口県下関《しものせき》市土井《どい》ヶ浜《がはま》遺跡第10次調査出土人骨である。この墓地は図4のように、列状に配置されていた。

分析可能であったのは1001A号（成年男性）と1002A号（成年女性）・1002B号（幼児）および1003号（成年男性）と1004A号（成年女性）の五体である。分析結果は、1001Aと1002A、1001Aと1003、1001Aと1004A、1002Aと1002B、1002Aと1003の各ペアにおいていくつもの組み合わせで高い値が得られ、血縁関係にあったと推定される。また、1004A号と1002A号・1003号との間の値は高くないものの、三体とも1001A号との間に高い値を得て

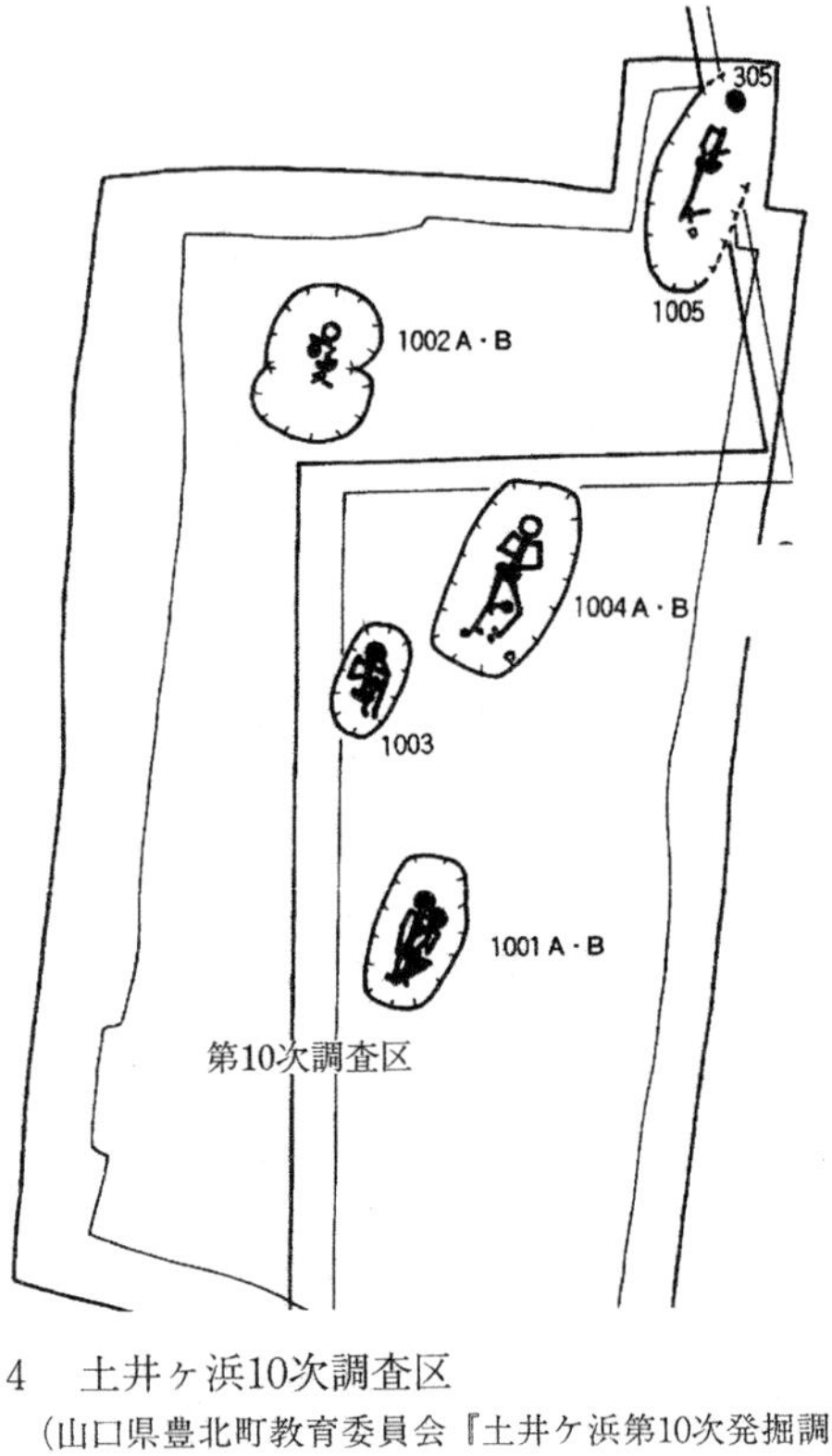

図4　土井ヶ浜10次調査区
（山口県豊北町教育委員会『土井ケ浜第10次発掘調査概報』1986年より）

いることから、四体いずれもが血縁者であった可能性を考えるべきであろう。

以上のように、土井ヶ浜遺跡第10次調査で得られた五体の弥生時代前期人骨はすべてが血縁者でつながっていた可能性が高い。この結果は、男性同士と男女間で血縁関係が認められ、近接して埋葬された被葬者が血縁的に近いということである。つまり、墓域内の小群が血縁者を主体とする親族のものであると考えられること、しかしそこには家族の単位はみえないことが確認される。そして、男性同士に血縁関係が認められたことから、少なくとも母系ではないことが予想されよう。逆に女性同士の1002A号と1004A号の間には血縁者らしき値は得られてはいないが、1002A号と1002B号は成年女性と幼児を再葬したものであり、かつ血縁と推定されている。これは、母子か親族内の女性と幼児の関係である可能性が高く、母系的要素もまた認められることになるため、父系と母系の両要素が併存する双系の社会であった可能性が最も高いと考えられる。

二列埋葬墓の親族関係

北部九州の弥生前期末から中期前半にかけて、整然と列をなす墓地が営まれる。図5は、福岡県筑紫野《ちくしの》市永岡《ながおか》遺跡であるが、弥生時代前期末から開始されたこの墓地は、中期中頃まで継続され、この時期の北部九州の墓地として特徴的な列状墓地をなす。図にあげたのは長大な墓地のうち人骨が比較的よく保存されていた部分である。この列状墓は、二列埋葬墓とも呼ばれるように、中央に墓道と考えられるベルト状の空閑地があり、その外に二列の墓地、さらにその外には祭祀土壙《どこう》を配し、全体で五列の構成をとる典型的列状墓地である。

歯冠計測値による分析結果は図6において被葬者間を結ぶ線で示している。黒く塗りつぶしたものが分析に使用した個体であり、実線が血縁者と推定されるもの、破線が血縁者の可能性があるものである。これをみると、二列とも同列の被葬者間で血縁者らしい関係が推定される。その内容は、列ごと、列間でそれぞれ男性同士、女性同士、あるいは男女間に血縁者らしい関係が認められるということである。このようなあり方は、嫁取りと婿取りが混在する選択居住婚であり、双系の社会であった可能性が高いことを示している。

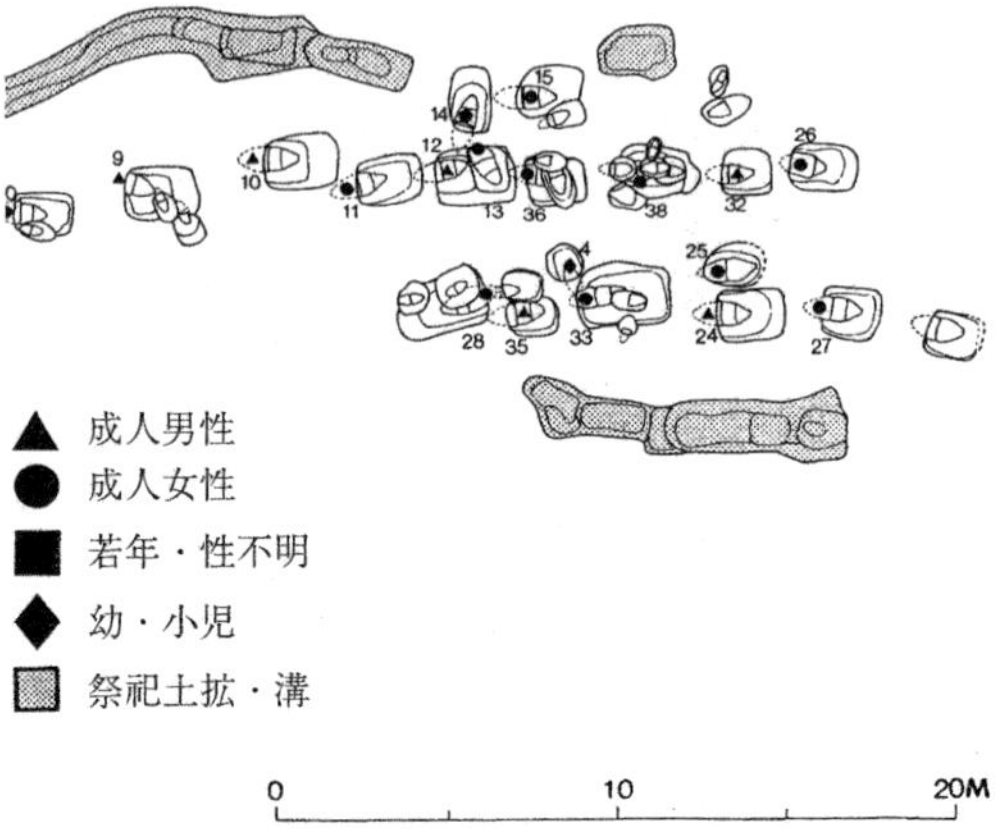

（浜田・新原編1977年，春成1984年より作成）

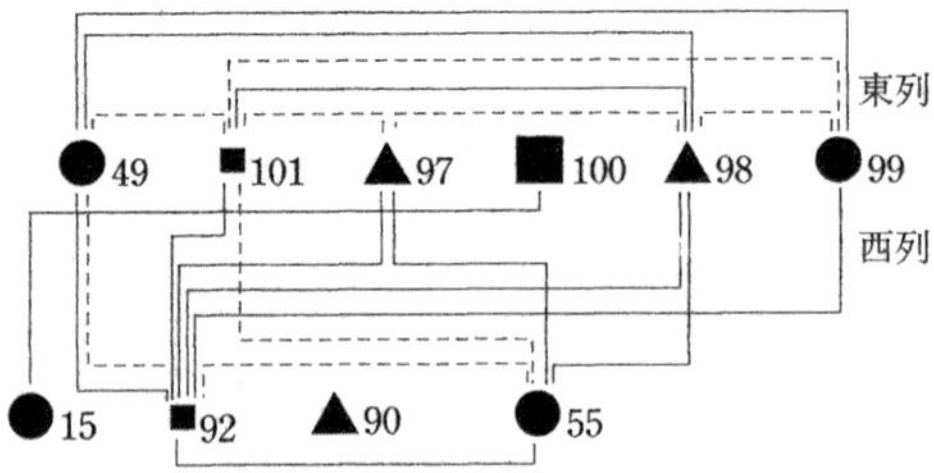

親族関係（田中・土肥1989年より）

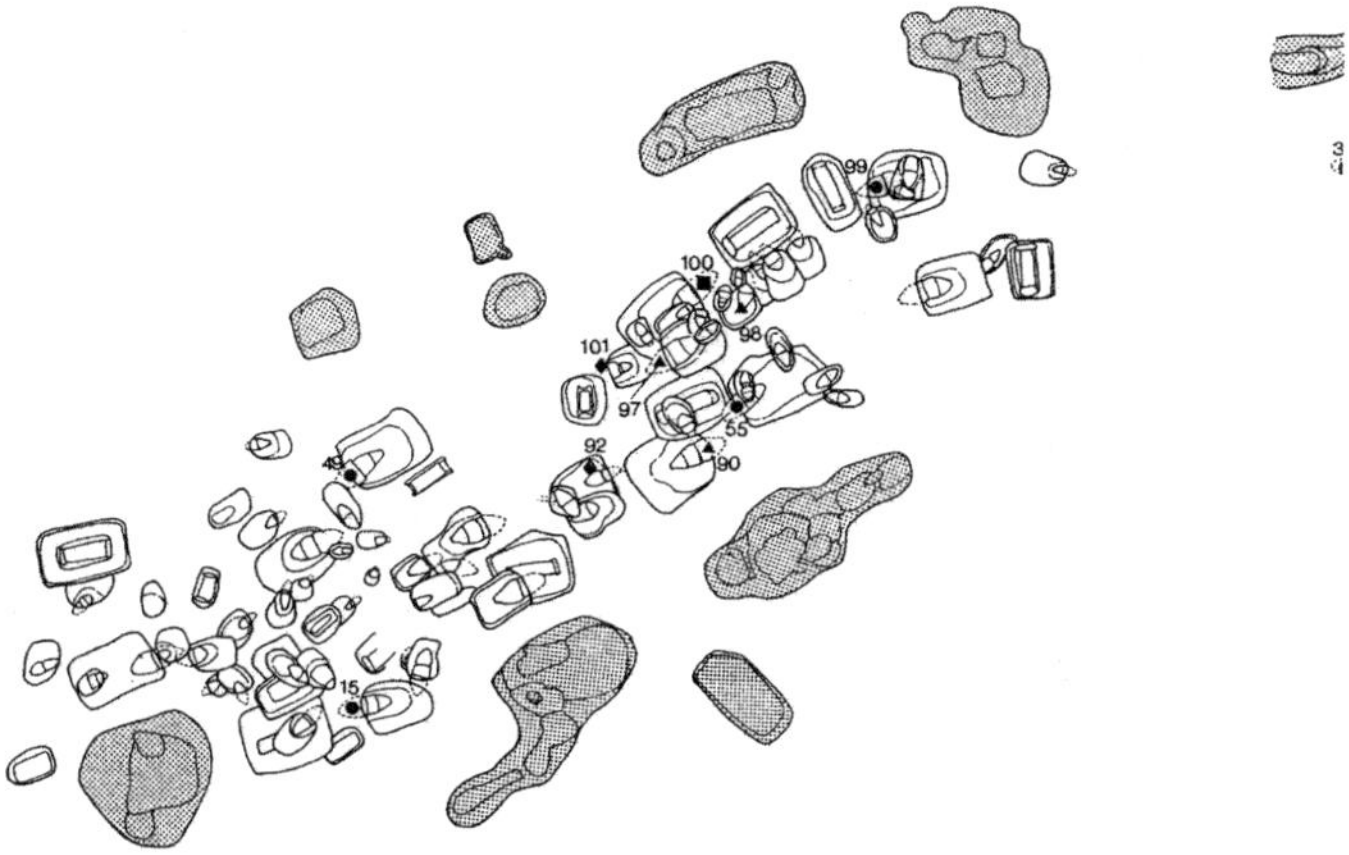

図5　永岡遺跡の二列墓地

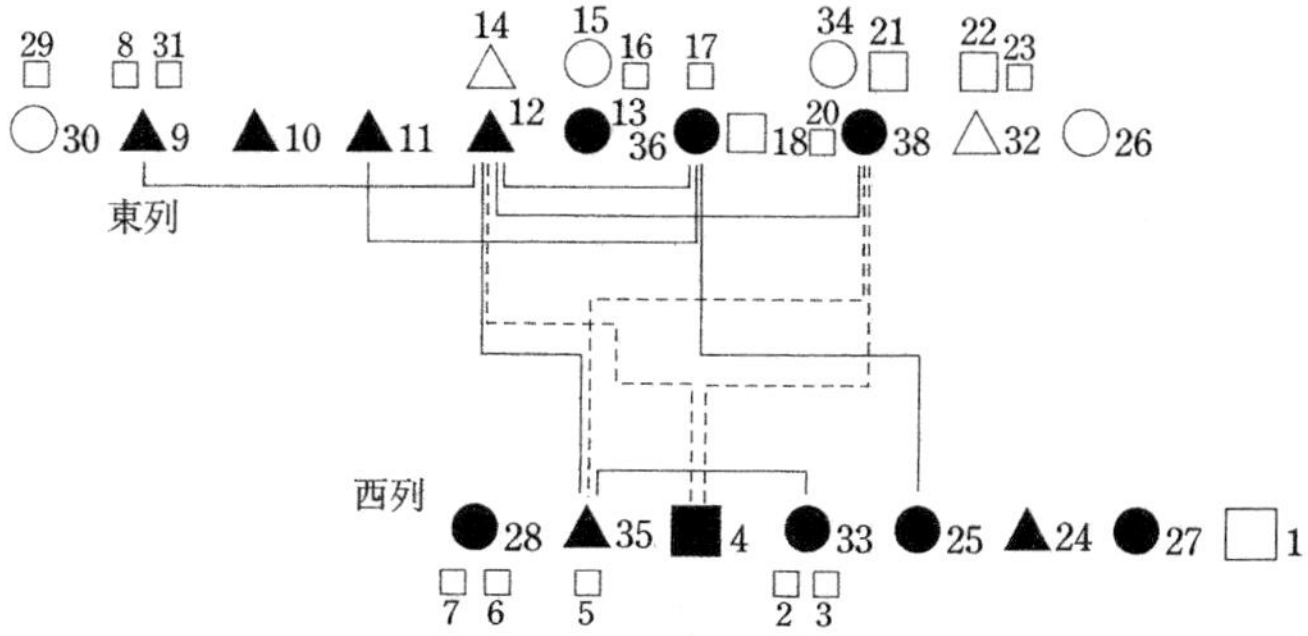

△成人男性 ○成人女性 □性別不明成人・若年 □幼～小児(ベタは分析に使用した個体)

図6　永岡遺跡出土人骨の

ところで、二列埋葬墓の特徴の一つに、小児棺が列の規制を受けず成人棺に付随することがあげられていた（浜田信也・新原正典編『筑紫野市所在永岡甕棺遺跡』福岡県教育委員会、一九七七年）。これについては、小児棺・成人棺が意図的に成人棺の埋土に掘り込まれていること、先に死亡した成人の年齢が親の年齢より高い例が少なくないことなどから、親子関係ではなく親族の中のある種の達成者に対して「あやかる」意図で近接させたのではないかと考えたことがある。そして、小児棺・成人棺を伴う成人同士、あるいは小児棺・成人棺を伴う成人と伴わない成人との間には、血縁者と推定される関係がみられるのに対して、小児棺・成人棺を伴わない成人同士ではこのような関係は認められない。一定の達成者であるか、婚入者ではない親族集団本来の成員であろうか（田中良之・土肥直美「二列埋葬墓の婚後居住規定」『日本民族・文化の生成』六興出版、一九八九年）。

この時期の親族関係が双系であったという結果は福岡県甘木《あまぎ》市栗山《くりやま》遺跡でも得られており（田中・土肥前掲）、二列埋葬墓は双系の親族関係に基づく親族の墓であるといえよう。そして、そこには家族のような小単位はみることができない。また、列自体にも家系のような系列はみえない。したがって、この段階は家族が親族集団に埋没し、親族集団が優位であったということができるだろう。

男性優位の傾向

さて、この時期には大規模な列状墓地とともに墳丘墓・区画墓が存在することが知られている。たとえば、有名な佐賀県吉野《よしの》ヶ里《がり》遺跡には墳丘墓があり、中心の甕棺《かめかん》を取り囲むように甕棺が分布し、多くは細型銅剣を副葬している(図7)。弥生時代で銅剣など武器類を副葬した人骨は男性であることから、墳丘墓の被葬者は男性主体であった可能性が高い(田中良之「弥生時代の親族構造」『新版古代の日本』3、角川書店、一九九一年)。また、福岡県隈《くま》・西小田《にしおだ》遺跡でも、中心主体の男性を放射状に取り囲むかたちで区画墓が造られているが、四五基のうち男性二三体、女性二体、乳幼児二体と、性判定できた被葬者は男性に大きく偏っている(中橋孝博「福岡県筑紫野市、隈・西小田地区遺跡群出土の弥生時代人骨」『隈・西小田遺跡群』筑紫野市教育委員会、一九九三年)。

このように、墳丘墓や区画墓の被葬者は男性優位なのである。そして、墳丘墓や区画墓は「王墓」として評価されることが多く、その立場に立てば列状墓に埋葬された「一般層」の親族関係が双系のままであるにもかかわらず、「王族」は父系へと変化していたという想定が出てくる。しかし、「王族の墓」としても、構成は男性がほとんどで、しかも小児棺がほとんどなく、原則として成人男性の墓地である点が異様である。「王族」の墓であれば、後の古墳被葬者のように、女性と子供も含んだ構成であると考えられるからで

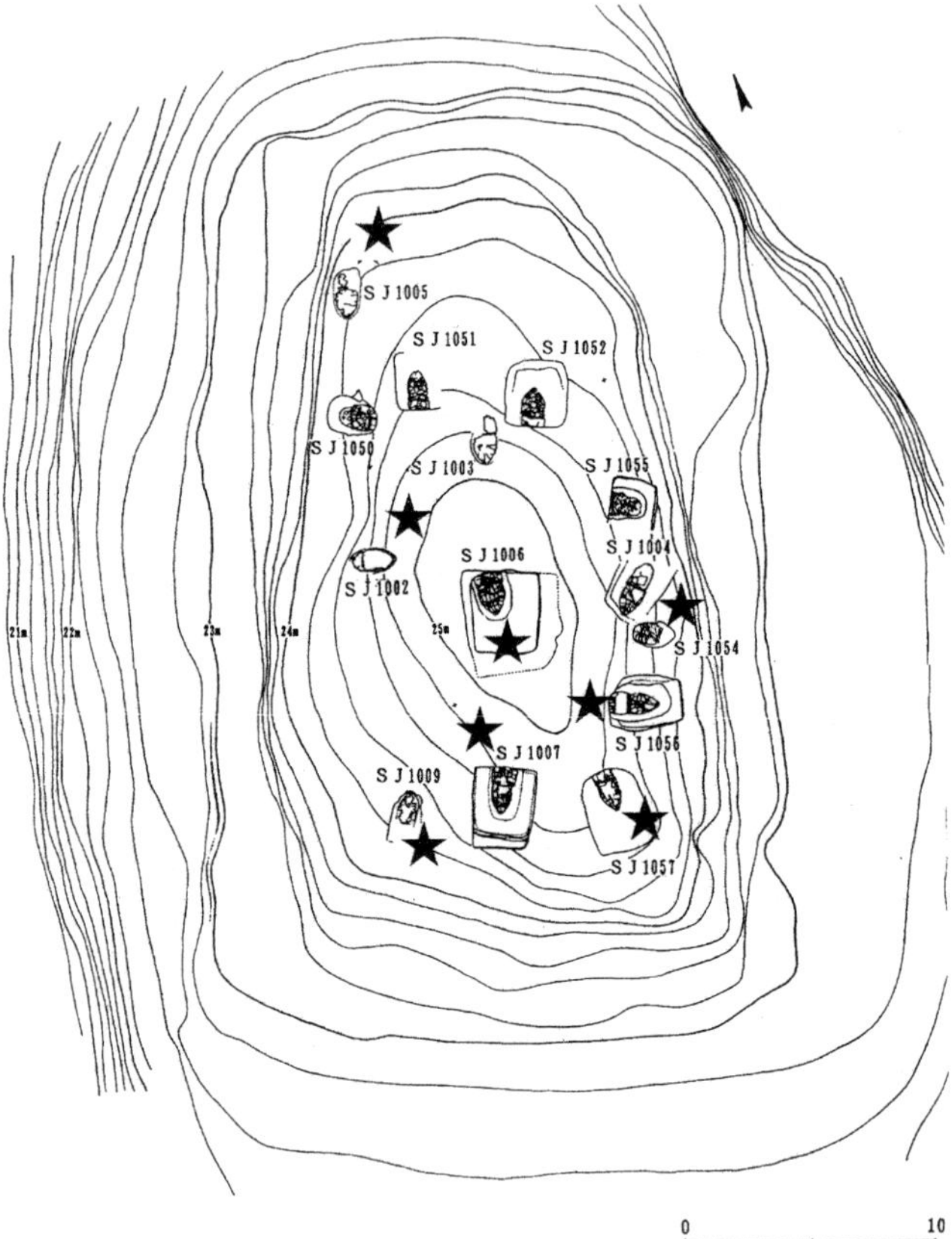

図７　吉野ヶ里遺跡墳丘墓

★は青銅武器副葬（佐賀県教育委員会『吉野ヶ里遺跡』1997年より）

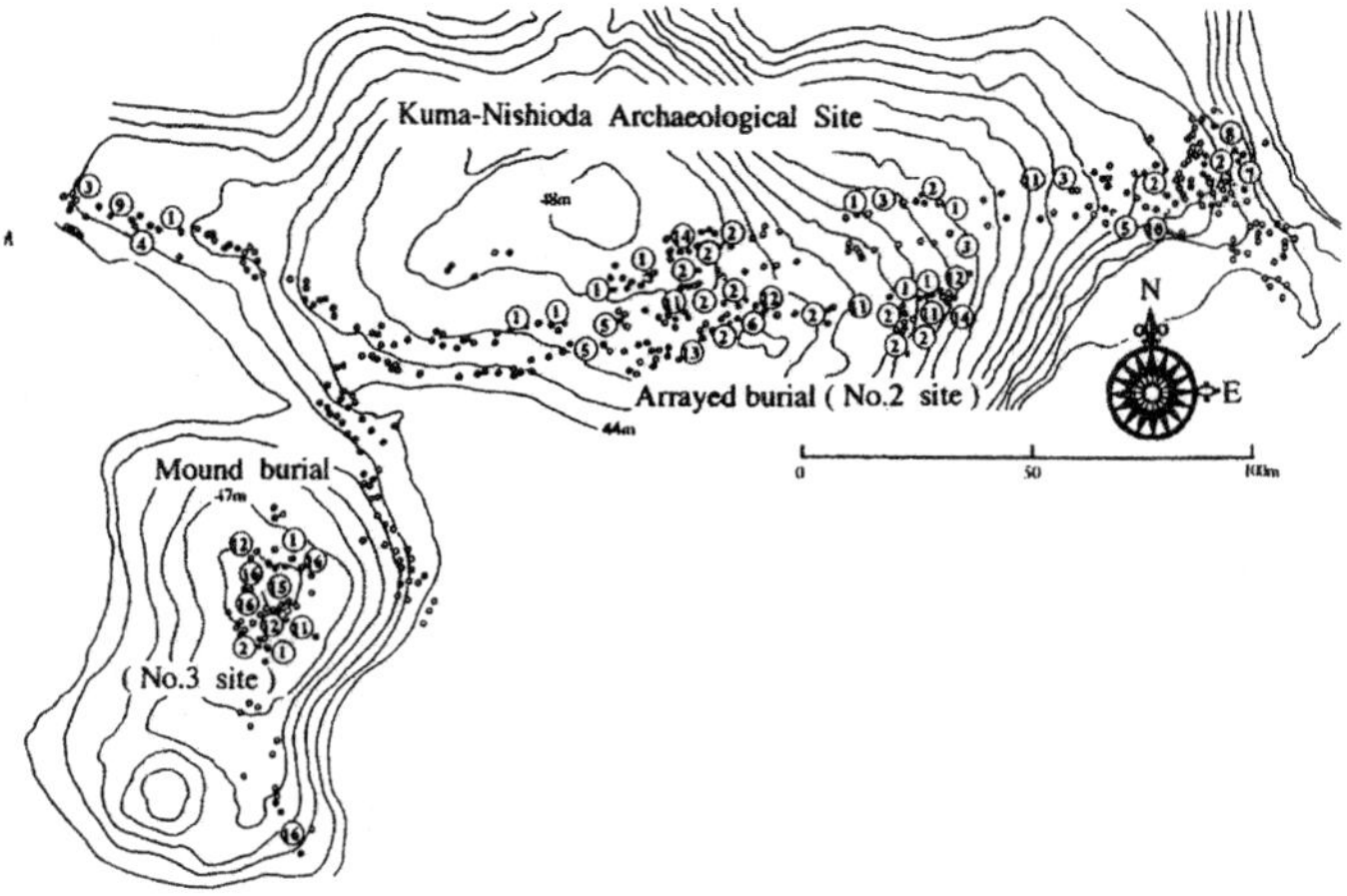

図8　隈・西小田遺跡出土人骨のmtDNA分析結果（篠田・國貞1993年より）

ある。

　そこで重要となるのが、隈・西小田遺跡被葬者のミトコンドリアＤＮＡ分析の結果である（図8）。篠田謙一・國貞隆弘によると、区画墓の近くに展開する列状墓のＤＮＡ塩基配列の変異数よりも、区画墓被葬者の変異数の方が多く、区画墓被葬者の方が通婚圏が広かったのではないかという（篠田・國貞「隈・西小田地区遺跡群出土人骨のＤＮＡ分析」『隈・西小田遺跡群』筑紫野市教育委員会、一九九三年）。ミトコンドリアは母系遺伝をすることから、この結果は、区画墓に埋葬された男性たちの母親が列状墓の被葬者たちよりも広い範囲に及ぶことを示している。「王族の墓」であれば、王族が広く通婚していることを反映したとも考えられようが、上記のように構成からみてもその可能性は低い。むしろ、区画墓の被葬者たちが隈・西小田遺跡の数ヵ所、あるいは周辺の集落をも含めた、いくつかの列状墓を形成した集落から選ばれた男性を主体とする人物によって構成された可能性が高いといえよう。

中期後半の土井ヶ浜

北部九州を離れて、再び土井ヶ浜遺跡に戻ると、11次調査の結果が興味深い。土井ヶ浜遺跡は、かつては弥生前期の集団墓地とされてきたが、再調査の結果前期と中期中葉〜後半の二つの時期に営まれたことが明らかとなった（豊北《ほうほく》町教育委員会『土井ヶ浜第10次発掘調査概報』山口県豊北町教育委員会、一九八六年）。11次調査で検出されたのは中期中葉〜後半の墓地群で、いわゆる「密集地区」に接し、土壙墓一〇基、集骨遺構五基から四〇体をこえる人骨が出土した。墓の配置は列状ではなく集塊状である。

歯冠計測値による分析結果は図9に示す。黒く塗りつぶしたものが分析可能であった被葬者であるが、これらの間でもいくつもの血縁関係を見いだすことができ、1105–1108間のような男性同士、1110–1117間・1106–1117間のような女性同士において、ともに血縁関係が推定された。したがって、選択居住婚で双系の可能性が高い社会であるといえる。ただ、全体でも、男性同士、女性同士でも、平均すると他人同士と同じ程度の値になるため、家族のような近親者ばかりでなく、かつ世代的にも幅があることが考えられる。

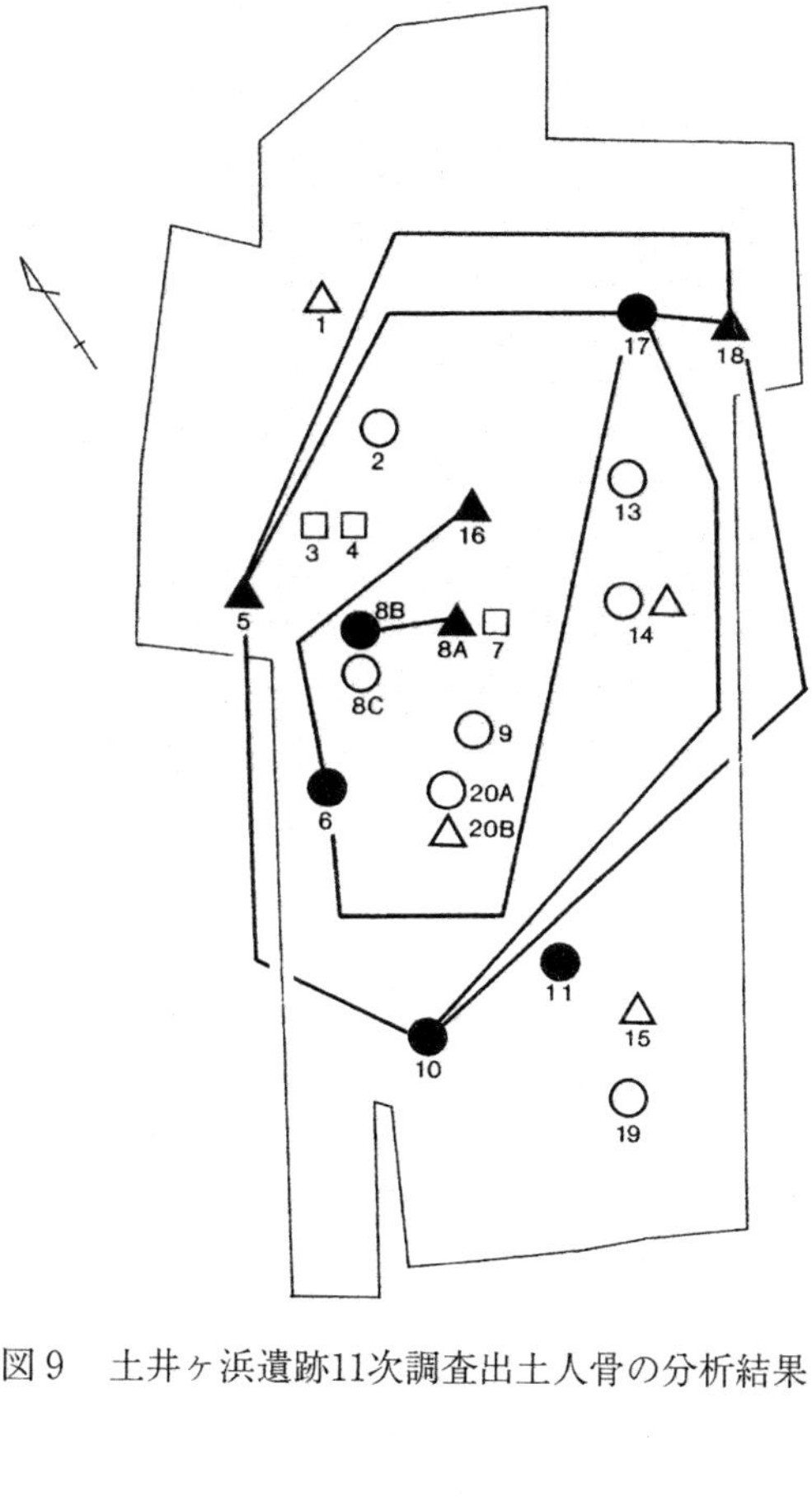

図9　土井ヶ浜遺跡11次調査出土人骨の分析結果

集骨の意味

また、この調査区の中央部には頭骨二一個と多数の体部骨を集骨したST1112号墓もある（図10）。この集骨は、通常の墓壙のサイズに頭骨を中心に集骨したものであり、土井ヶ浜遺跡では他にもいくつか例がある。男性を多く集骨するのが特徴であるが、ST1112は、性判定が可能であった個体でいうと、男性八体、女性三〜四体であり、男性優位という程度である。ただ、この集骨は体部骨の集積をはさんで東西に分かれている。というより、東には頭骨を整然と二段に重ねているのに対して（図11）、西半分の頭骨は体部骨の中に紛れている観がある（図10）。そして、東の頭骨群は、幼児〜若年六体の他は男性七体に対して、女性（?）一体であり、西半では若年二体と女性四体、男性一体であった。つまり、東西で性比が異なっており、とくに整然と重ねられた頭骨が男性主体であることは、それまで知られていた集骨が男性主体であった事実と整合する。

図10　土井ヶ浜ST1112集骨

さて、これらのうち歯冠計測値による分析が可能だった被葬者は少なく、図12にアルファベットで示した個体のみであるが、いくつかの個体間で血縁関係が推定された。とくに、A・B・D・Mといった未成人個体が血縁関係でつながりそうな点は、これらが生前に近い関係であったか、時期を違えて死亡した近親者であったことを想起させる。「時期を違えて」というのは、これら集骨された被葬者たちは死亡してからここに集骨されるまでの間隔がまちまちであるようだからである。というのも、ほとんどの個体はすべての関節が外れて、いわばバラバラの状態であるが、頭骨と下顎骨の関節がつながっていたり部分的に肋骨がまとまっているものがあり、頭骨のそばに頸椎から腰椎までが連なっている個体まであるからである。つまり、最初の埋葬後ほどなくしてここに集骨された個体もあれば、埋葬後相当の時間を経てから集骨された個体もあり、被葬者たちがとうてい同世代であっ

図11　土井ヶ浜ST1112の頭骨集積

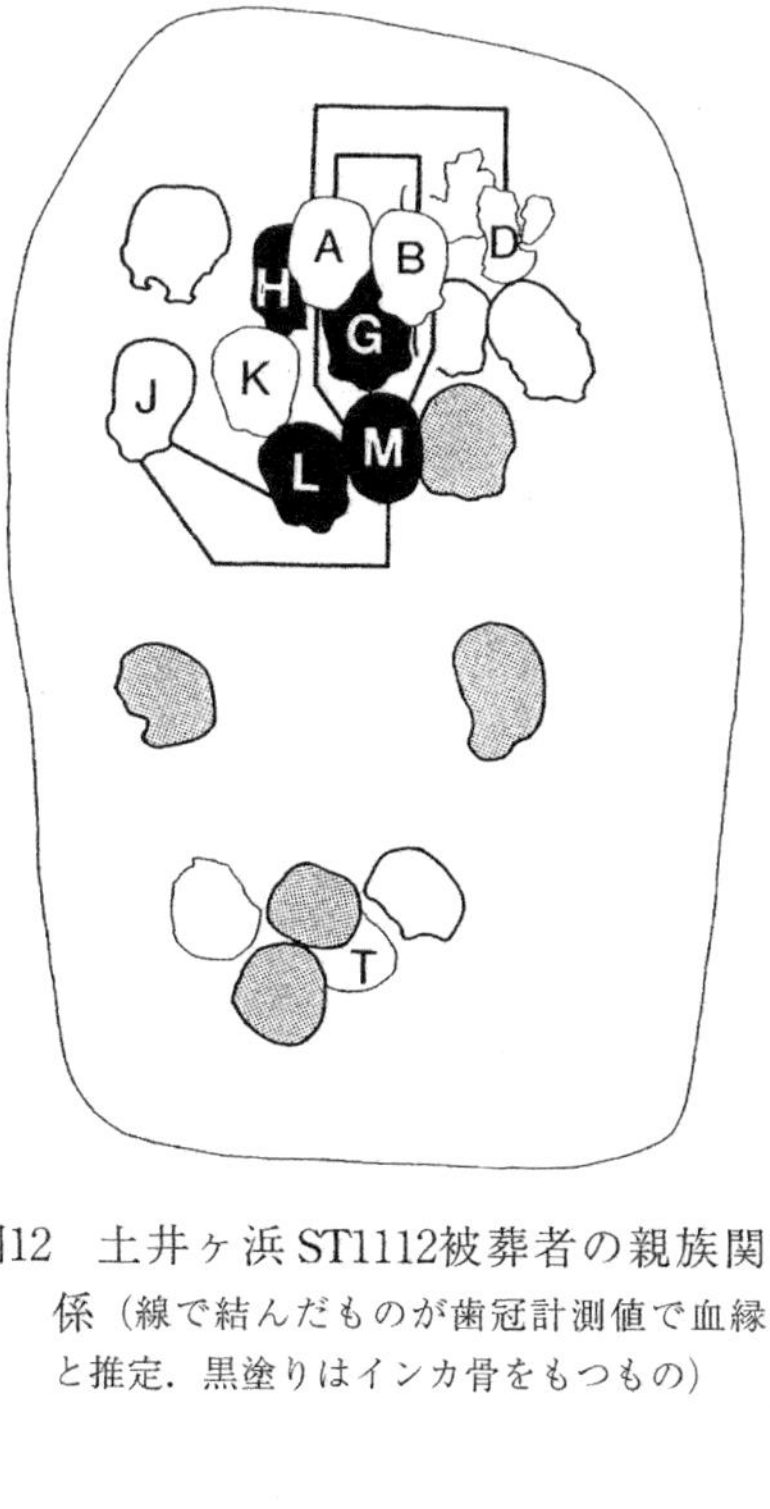

図12　土井ヶ浜ST1112被葬者の親族関係（線で結んだものが歯冠計測値で血縁と推定．黒塗りはインカ骨をもつもの）

たとは考えられないのである。

　これらから、集骨は数世代に及ぶ人物の墓から人骨を掘り返し、一ヵ所にまとめたものであり、当時の住民の記憶に明確に留められていた社会の達成者や貢献した人物、およびその子供たちの集合であると考えられる。そして、集骨された人物が血縁を基礎としているらしいこと、同様の集骨は土井ヶ浜遺跡には他にいくつかあることなどから、集骨されたのは氏族の分節である出自集団の中から選択された人たちであったと考えられよう。

多数埋葬の石棺

　同様なことは何体もの被葬者を埋葬した石棺にもいえるのではないか。たとえば、山口県下関市中ノ浜《なかのはま》遺跡では弥生時代中期中葉～後半に属するST906号石棺に少なくとも八体の人骨が埋葬されており、その内訳は男性三体、女性一体、乳～幼児四体であった（図13）。この箱式石棺は、通常の石棺をはるかに超える規模をもっていることから、単体の埋葬用ではなく、築造時から多葬を意図したものと考えられる。そして、この石棺における埋葬は、同時ではなく、先行する被葬者を順次片付けながら追葬を行っていったことが確認されている。さらに、1号人骨はともかくとして、片付けられた部位の関節がすべて外れていたことからみると、石棺の使用期間は長期に及ぶものと考えられる。

　歯冠計測値による分析は2・3・5・6・8号人骨の五体にしか適用できなかったが、

3号人骨と5号人骨、および3号人骨と8号人骨がそれぞれ血縁関係にあったと推定される。また、3号人骨を介して5号人骨と8号人骨も血縁関係にあった可能性が高いという結果であった（田中良之・土肥直美・永井昌文「中ノ浜遺跡ST906被葬者の親族関係」『中ノ浜遺跡第9次発掘調査概報』山口県豊浦町教育委員会、一九八六年）。したがって、埋葬された

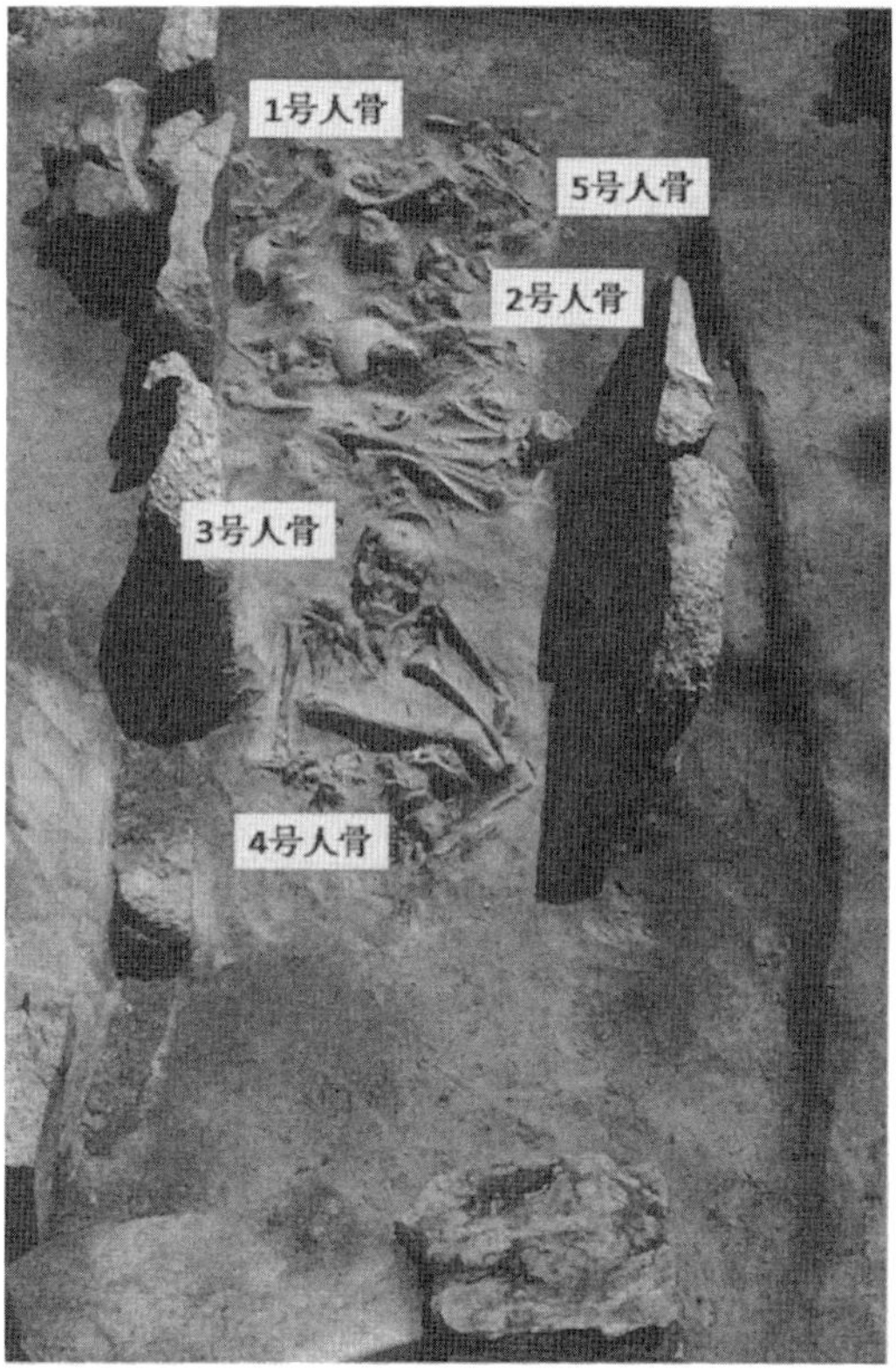

図13　中の浜ST906石棺

八体中少なくとも成人男性二体と幼児一体は血縁によってつながることが推定されたわけである。そして、成人は男性三体と女性一体であることから、夫婦の単位は想定しがたい。また、石棺の使用は一世代というよりは長期間に及ぶものであったらしいことを考慮すると、先の集骨と同様に、出自集団から選択された人物が世代を超えて埋葬されていったと考えられる。さらに、その中には乳～幼児も含まれていること、このような大型石棺がいくつも存在するものではないことなどを見ると、選択される範囲が出自集団の中でも狭まっていたこと、出自集団間にも差が生じていたことを想起させる。

中期中葉～後半の本州西端における状況は上記のようなものであった。では、同時期の先進地域であったとされる北部九州においてはどうだったのだろうか。

厚葬墓の被葬者

北部九州の中期後半には福岡県春日市須玖岡本《すぐおかもと》遺跡、前原《まえばる》市三雲《みくも》遺跡、飯塚市立岩《たていわ》遺跡、筑前町東小田峯《ひがしおだみね》遺跡、佐賀県神埼《かんざき》町二塚山《ふたつかやま》遺跡などで前漢の大型鏡や青銅器類などを副葬した厚葬墓が出現する。そのうち、三雲南小路《みくもみなみしょうじ》遺跡では、豊富な副葬品をもった甕棺墓が二基並列して造られ、周囲には墓がみられず、墓域は周溝によって区画されている（図14）。また、須玖岡本遺跡D地点でも、厚葬墓は上部に大石をもって、他の甕棺群からは離れた位置にあり、墳丘があった可能性が高いという（春日市教育委員会編『奴国の首都須玖岡本遺跡』吉川弘文館、一九九四年）。近くの甕棺

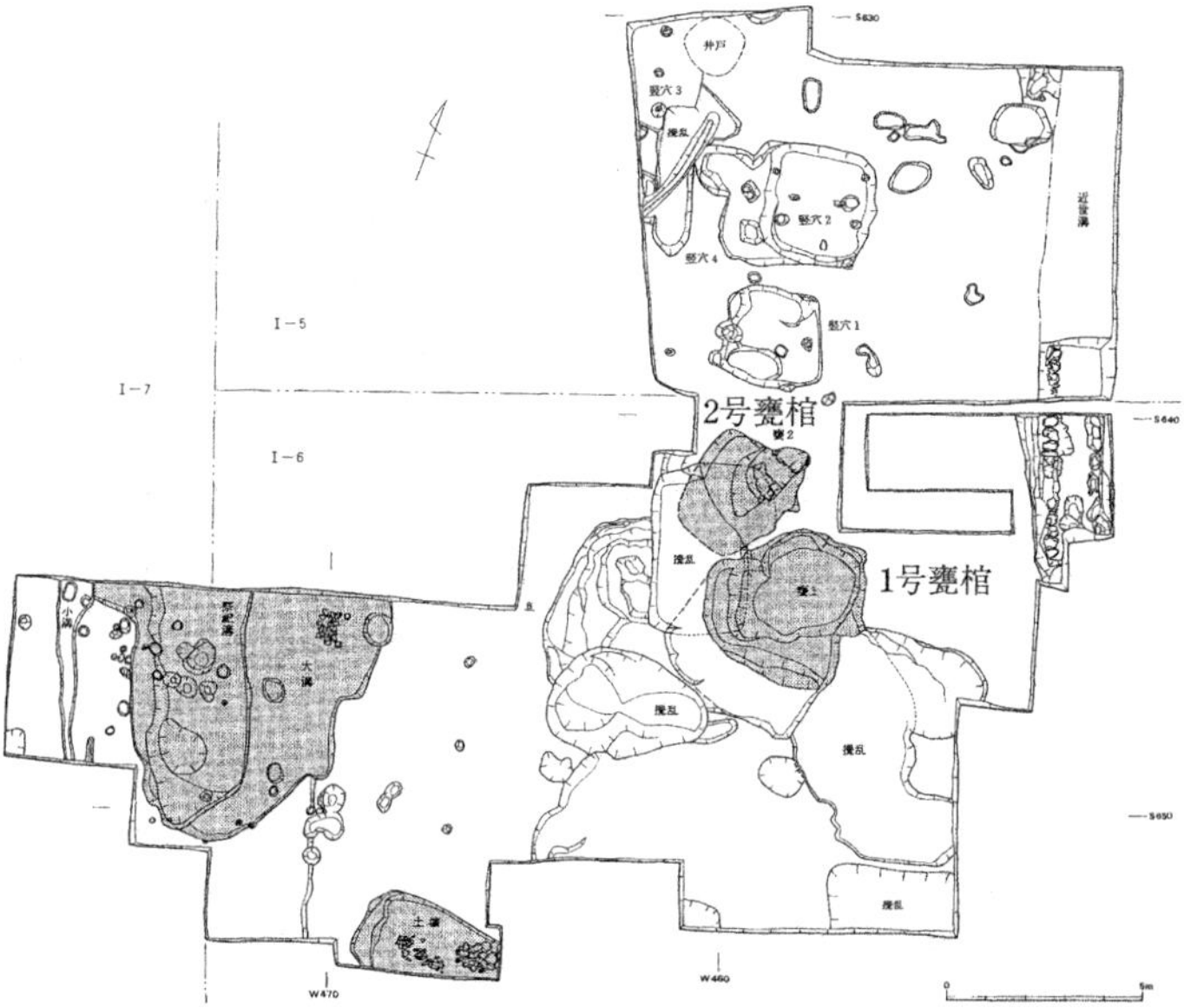

図14　三雲南小路遺跡厚葬墓（福岡県教育委員会『三雲遺跡』1985年より）

群は青銅器の副葬率が高い。厚葬墓を伴わない墓地でも中心主体の墓壙が大きいというかたちで格差が認められる例があり、このような構造の墓地が一定程度存在したことがうかがえる。そして、図15の大分県日田《ひた》市吹上《ふきあげ》遺跡では中心主体として向き合って挿入された二基の甕棺があり、一基には銅戈《どうか》一・鉄剣一・ゴホウラ製貝輪一五・硬玉製勾玉《まがたま》一・管玉《くだたま》四八〇以上を副葬した熟年男性、もう一基には硬玉製勾玉一・イモガイ製貝輪一七を副葬した熟年女性が葬られていた（日田市教育委員会『吹上遺跡—6次調査の概要—』日田市

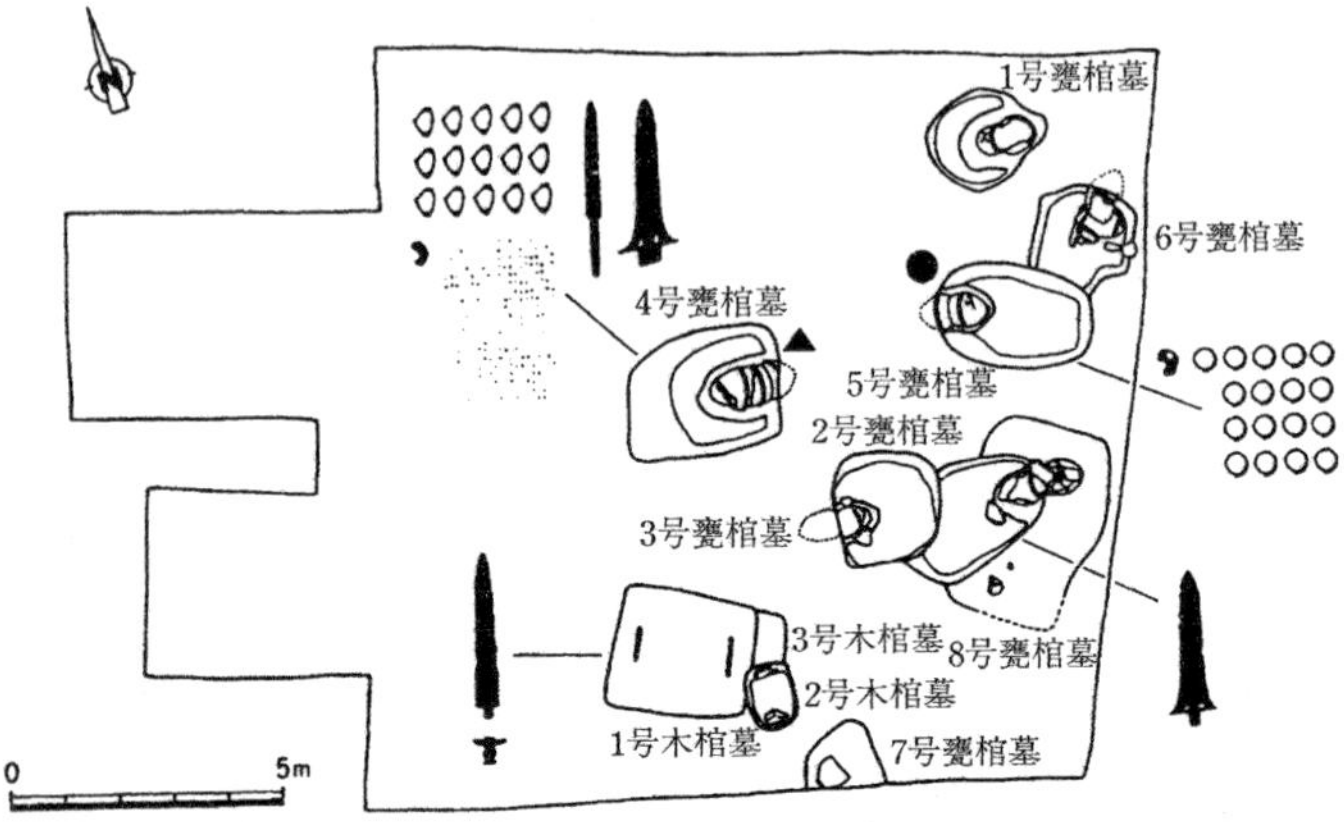

図15　吹上遺跡の厚葬墓群（日田市教育委員会1995年より）

教育委員会、一九九五年）。すなわち、ゴホウラ＝男性、イモガイ＝女性という男女指導者のシンボルを持ち、向きあって葬られていたのである。周辺には青銅器を副葬した墓が配されていたが、これらはともに日田盆地では突出した副葬品である。

中心主体が一基だけという墓の例では甘木市栗山遺跡のように男性の例があり（中橋孝博「福岡県甘木市栗山遺跡出土人骨について」『栗山遺跡2』甘木市教育委員会、一九九三年）、須玖岡本D地点被葬者も青銅武器の副葬からおそらく男性であったと思われる。しかし、三雲南小路遺跡では、鏡のサイズなどから二基の中心主体の被葬者が男女であると考えられており（高倉洋彰「前漢鏡にあらわれた権威の象徴性」『国立歴史民俗博物館研究報告』55、一九九三年）、武器形青銅器の副葬の有無から見てその可能性は高い。したがって、集団の代表者たる中心主体の被葬者が、男性のケースとともに、男女のペアのケースが出てきた点は注意されよう。なぜなら、中期前半が双系の親族関係であり、この時期の本州西端でもそうであることと整合するからである。

古墳出現前夜の親族関係

古墳時代直前の状況は、福岡県行橋《ゆくはし》市前田山遺跡の弥生時代終末期の墓群からうかがうことができる。図16は前田山I地区の墓群であるが、弥生終末期のものはI-2～S-2～I-5のV字形の墓群である。分析できたのはS-2（成年男性）、S-4（成年男女）、S-5（熟年女性）、I-5（熟年男性）の五体のみであったが、S-4は同棺に男女のペア、S-5・I-5も位置的に近いことから男女のペアと考えられる。さらにS-3の被葬者の四肢骨は若年もしくは女性のサイズであり、S-2と男女のペアであった可能性は十分にある。したがって、例外は当然あるものの、男女のペアを基本とした埋葬となっていたと考えていいだろう。

そして、歯冠計測値による分析の結果S-4の男女は血縁者と推定され、S-5の女性とI-5の男性は、歯の保存の関係で直接分析できなかったものの、両者ともS-4の女性と血縁関係が推定されることから、この男女も血縁関係にあった可能性は高い。また、S-2の男性とS-4の男性との間にも血縁者の可能性を示す値が得られている。

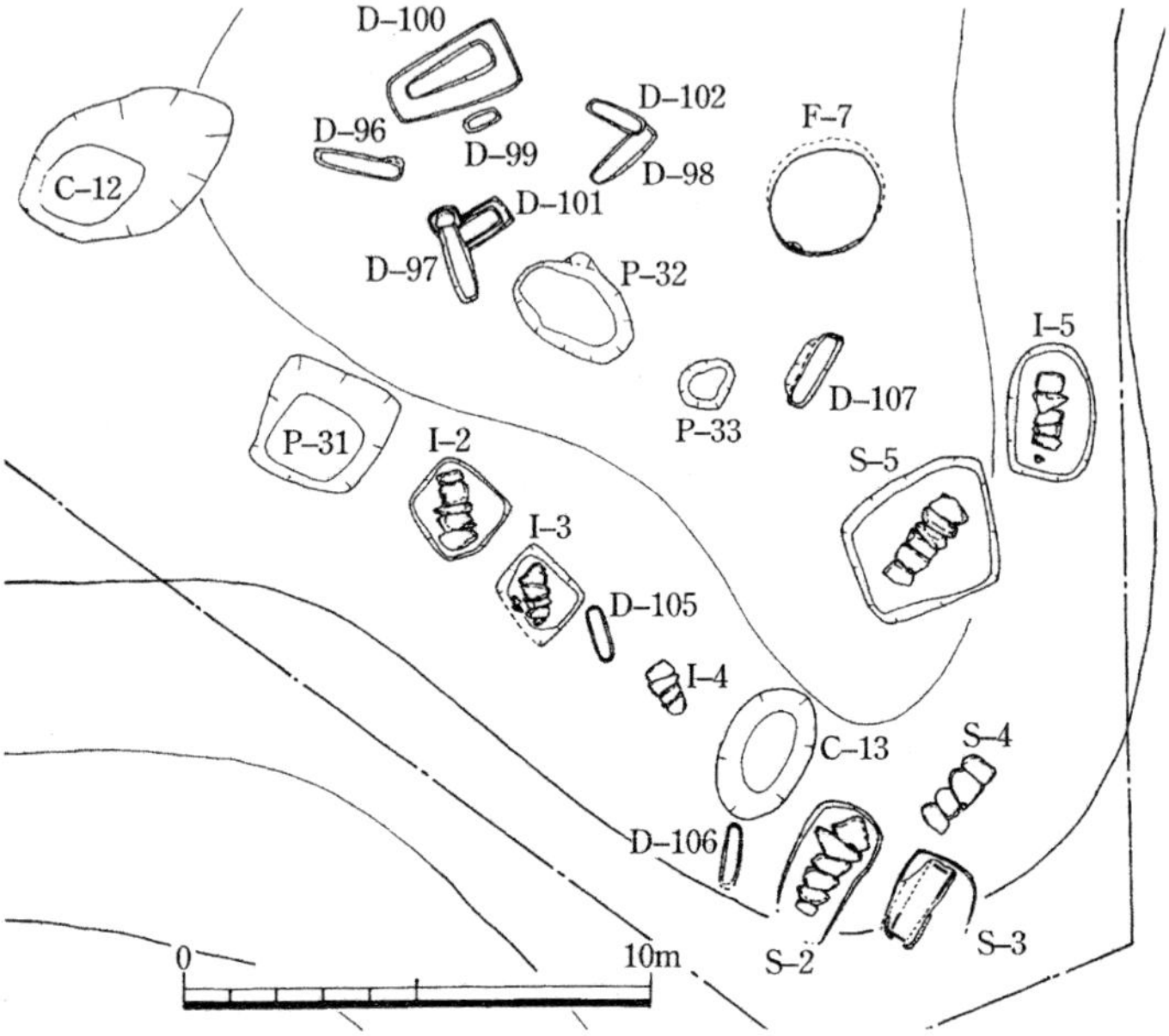

図16　前田山遺跡墓地（行橋市教育委員会『前田山遺跡』1987年より）

それでは、次に、これらの具体的な関係について考えてみよう。まず、これら三ペアが生前には同時併存し、それぞれ配偶者がいたとすると六つほどの家族に対応することになる。そして、I－5とS－4－2人骨間、S－1とS－5人骨間、およびS－4－1人骨とS－2人骨間にも血縁者同士と推定させる高い値が得られてもいる。よって、この墓域全体は血縁によって結ばれた人たちの墓地ということになるだろう。しかし、その場合、次の世代は墓域には葬られず、したがって、きわめて短期間の使用であったことになる。そうすると、墓域全体で成人七人、子供四人という構成になり、明らかに家族の規模よりは大きく、出自集団かそれから選択された人たちとした方が考えやすい。

では、複数世代に及ぶものとすると、S-4-1・2人骨が若くして死亡しているので2世代となるかもしれないが、いずれにしても累代的に兄妹姉弟のペアを基本として埋葬したことになる。そして、I-5とS-4-2人骨間、S-4-2とS-5人骨間、およびS-4-1とS-2人骨間におけるQモード相関係数の高得点は、代々の血縁性を示すものとして理解されよう。そうすると、一世代ごとの人数からみても、もはやそれは出自集団の姿ではなく、より選択された人物であったと考えなければならないのである。弥生時代終末期前後という時期を考慮すると、古墳への埋葬原理に近づいたこの想定は十分可能性をもつものといえる。また、S-4-2とS-5の女性人骨が、代々葬られたペアの一方であるとすると、両者ともに抜歯の可能性を有することも示唆的である。

前田山遺跡におけるこの分析結果だけからは、埋葬が父系・母系・双系のいずれの原理に基づくかはわからないが、この時期はすでに全ての住人が墓を作る段階ではないことを物語っている。そして、この埋葬における選択性と男女のペアは、中期後半の厚葬墓に認められた単位であり、同時に古墳時代前期に連続するものである。そのペアの実態がキョウダイであったことは注目に値するだろう。

古墳時代前半期の親族関係

男女であれば夫婦なのか

弥生時代には確実に認められた同じ棺への男女の埋葬は、前田山遺跡の分析からキョウダイであると推定された。では、それは古墳時代へとそのまま継承されたのだろうか。私はこれまでの研究で、古墳時代前半期の埋葬原理が双系のキョウダイ関係であることを示してきた（田中良之『古墳時代親族構造の研究』柏書房、一九九五年）。ところが、その後も、同棺あるいは同一埋葬主体に葬られた男女が夫婦であるという理解は根強く残っている。しかし、その根拠はきわめて情緒的であり、「二人分のくぼみを彫った石枕に頭部をおいた男女二体……二人の被葬者は夫婦と考えるのが自然だろう」（春成秀爾「葬制と親族組織」『展望考古学』考古学研究会、一九九五年）といったものにすぎない。

あらためていうまでもなく、男女のペアが夫婦であるというのは私たちの思い込みにすぎない。そして、私たちのそのような思い込みは現代の「常識」に支配されており、それ以上の意味はないのである。家族や夫婦は歴史的に変化してきた。したがって、現代人にとって「自然」と感じることが原始古代の人たちにとっても「自然」である保証などどこにもない。

同じ棺や隣り合って葬られた男女が夫婦なのか、あるいは別の関係にあるのかは、私たちの常識に照らすのではなく、分析を通して明らかにしていかなければならない。考古学が学問であると主張する以上は、それを避けて通ってはならないのである。

男女同墓の実例

久米三成4号墳第1主体部はその男女同棺の事例である。岡山県久米郡久米町に所在する全長三五メートルの前方後方墳とされている（岡山県教育委員会『久米三成4号墳』岡山県教育委員会、一九七九年）。後方部墳頂に第1主体部、前方部に第2主体部、後方部辺縁に第3～5主体部と、計五基の箱式石棺が検出されているが、ここでは同棺男女埋葬の第1主体部を取り上げることとする。

第1主体部は後方部墳頂にあり、東と西に頭位をとる対置埋葬で男女二体が葬られていた（図17）。1号人骨は成年後半から熟年前半にかけての男性で、2号人骨は成年女性であり、出土状態からみると、1号人骨が先に葬られ、2号人骨が追葬されているが、その

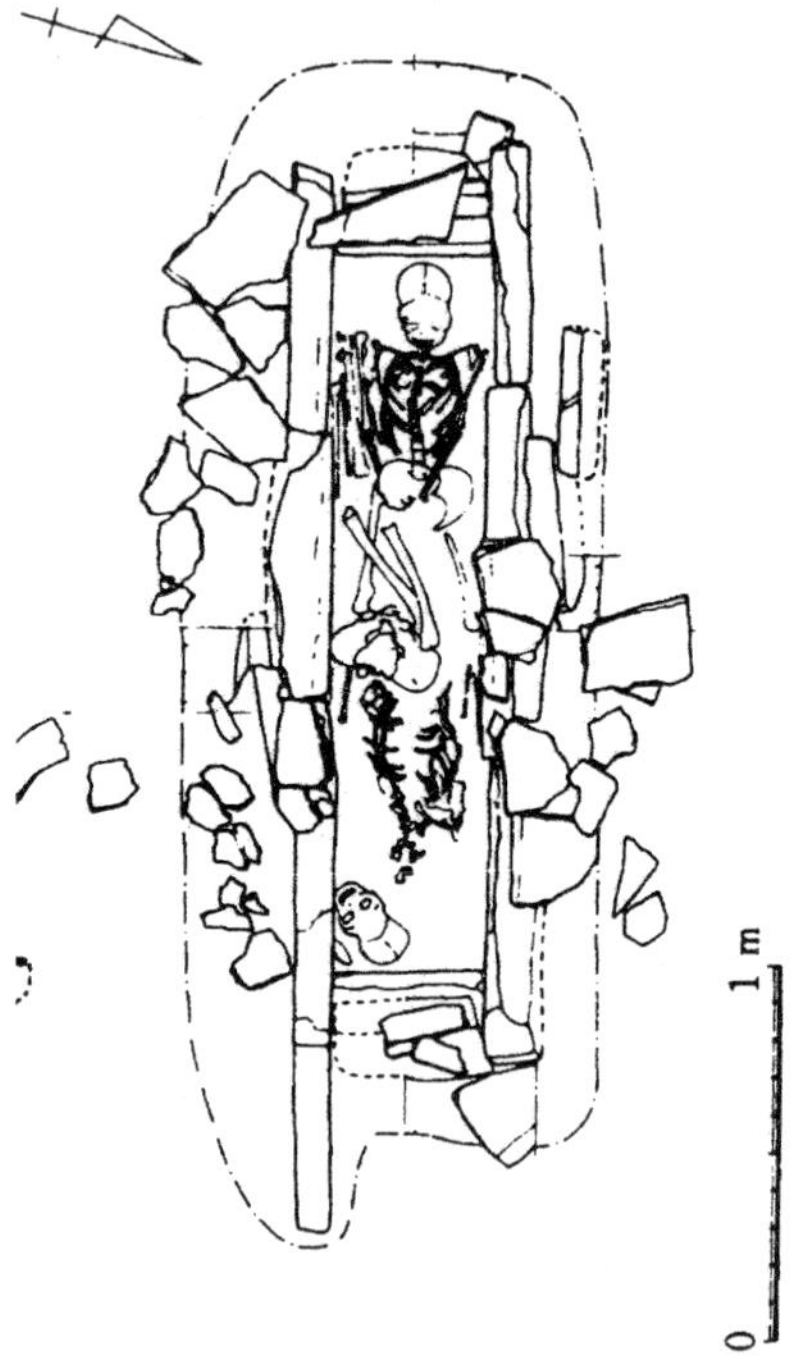

図17　久米三成4号墳第1主体部（岡山県教育委員会『久米三成4号墳』1979年より）

際に1号人骨が乱された形跡はない。その所見が示すように埋葬間隔はそれほど長くはないことから、被葬者二体の生前における年齢は、死亡推定年齢である成年後半〜熟年前半（1号人骨）と成年（2号人骨）とほぼ同じと考えていいだろう。そうすると、この二体は二世代というよりは、同世代の男女であったことになる。したがって、歯冠計測値による分析で検証すべきは、この二体が夫婦か否か、ということになるだろう。

分析の結果、いくつかの組み合わせで〇・五〇〇以上の値が得られた（田中前掲、一九九五年)。よって、被葬者二体は血縁者と推定され、夫婦という仮説は棄却される。つまり、この二体は同世代の近い血縁関係にある男女、すなわちキョウダイであると推定されるのである。

このように、実際の同棺男女埋葬の事例を分析すると、夫婦という「思い込み」を捨てざるを得ないことが明らかとなる。もちろん、同様の分析結果は他にも多数得られている(田中前掲、一九九五年)。そして、久米三成4号墳も小首長の墓であろうが、山口盆地の首長墳である赤妻古墳でも同様の結果が得られている(田中前掲、一九九五年)。さらに、本書で取り上げた事例にも男女埋葬は含まれているので、この事例が特殊なものでないことは十分に理解されよう。

一墳多数主体の被葬者

陣ヶ台遺跡は、大分県日田市所在の古墳時代前期の集落・墳墓遺跡であるが、その4号方形周溝墓には、A号・B号・C号の三基の石棺があり、いずれも人骨が出土した(図18)。A号石棺では、西頭位に一体、東頭位に二体、合計三体の埋葬が確認された。西頭位の個体が1号人骨(熟年男性)、東頭位の二体のうち南側の個体が2号人骨(熟年女性)、北側が3号人骨(熟年女性)である(図19)。出土状態からみて、A号石棺における埋葬過程は、まず1号人骨が西頭位に埋葬され、次に2号人骨が東頭位に追葬されている。そして、軟部組織がほぼ腐朽してしまった後に2

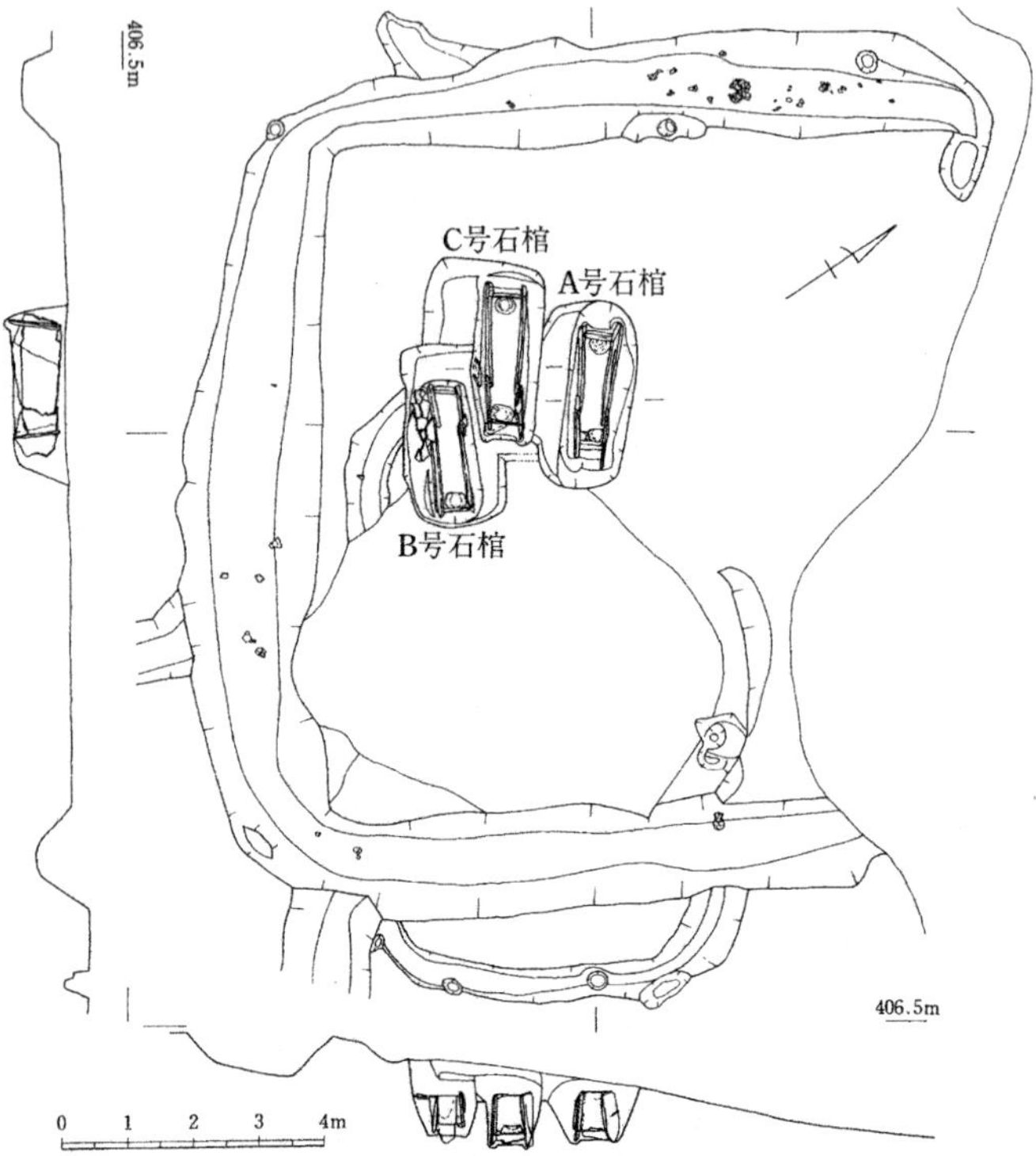

図18　陣ヶ台4号方形周溝墓（玖珠町教育委員会『陣ヶ台遺跡』1999年より）

号人骨の追葬が行われたため、1号人骨の右上半身の骨が大きく乱されている。その後3号人骨が追葬されているが、その際に動かされた骨が相互の関節状態を保つことから、3号人骨の追葬は2号人骨軟部組織の腐朽が完了していない時点で行われたことがわかる。

B号石棺からは石棺の東小口側に粘土枕をもつ一体（老年男性）が出土している。人骨はほぼ全身骨が関節していて、原位置を保つ。

C号石棺の西頭位の熟年以上の男性が1号人骨、東頭位の熟年以上の女性が2号人骨である（図20）。1号人骨は、椎骨の関節が胸腰部で大きくずれており、下肢骨が北側壁方向に寄せられていることから、2号人骨の追葬の際に二次的に動かされたことがわかる。

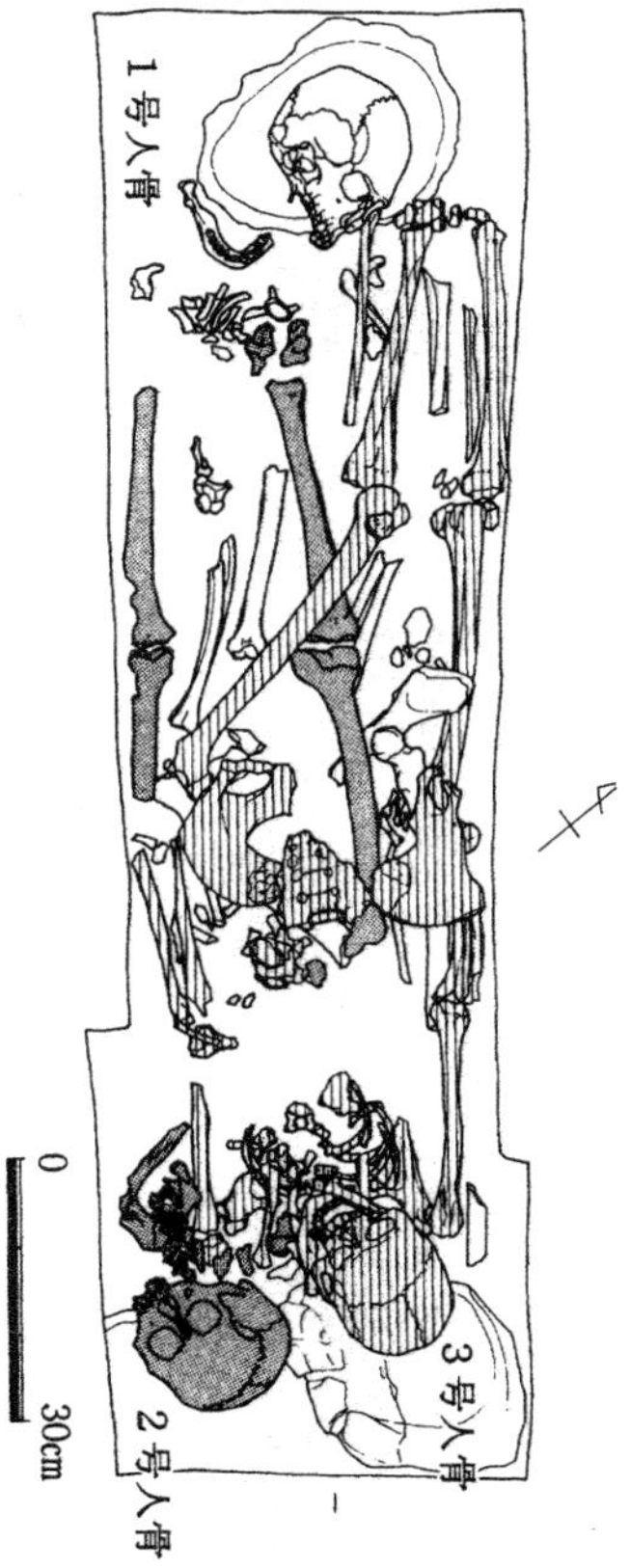

図19　A号石棺
（玖珠町教育委員会1999年より）

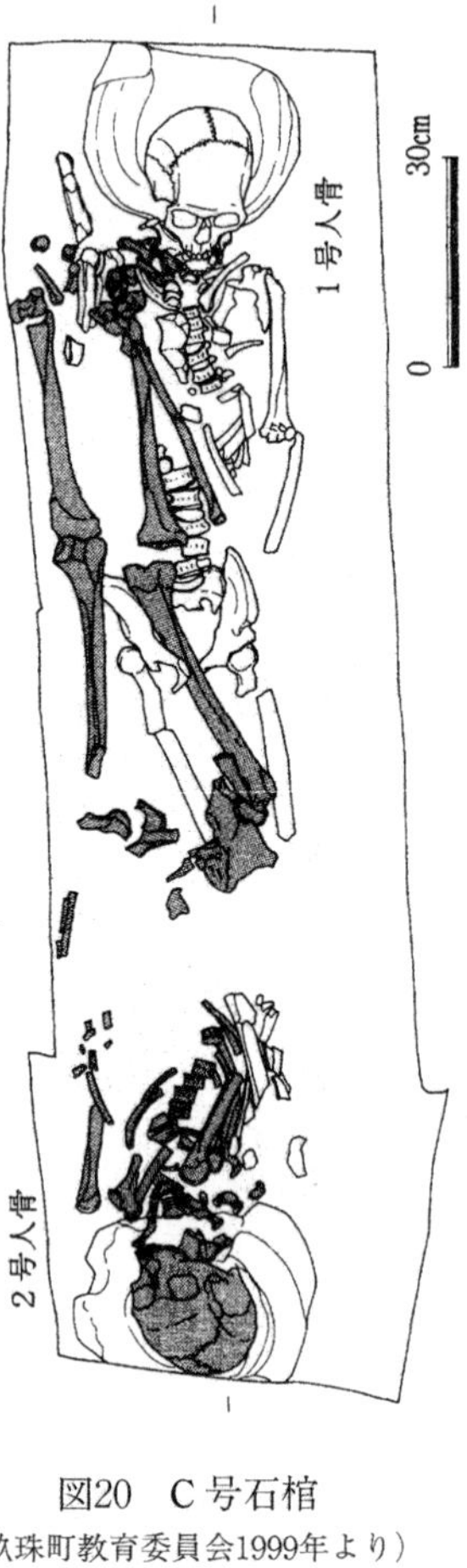

図20　C号石棺
（玖珠町教育委員会1999年より）

しかし、各部位の関節は保たれていることから、その時期は軟部組織の腐朽が完了していない段階であったと推定される（田中良之・大森円「陣ヶ台遺跡出土の人骨について」『陣ヶ台遺跡』玖珠町教育委員会、一九九九年）。

三基の親族関係モデル

陣ヶ台遺跡4号方形周溝墓の各主体部間の先後関係は、A号石棺が最初に造られ、B号石棺、C号石棺の順に造られたことが明らかになっている。ただ、周溝内の土師器は四世紀後半~末のものに限られており、時期幅は大きくない。

まず、A号石棺であるが、初葬である1号人骨と追葬の2号人骨の埋葬間隔は、1号人骨の軟部組織が腐朽した状態、すなわち少なくとも一〇年程度は開いていたと推定される。そして、最終埋葬である3号人骨の埋葬は、2号人骨の軟部組織がまだ腐朽が進んでいないことから、数年以内に行われている。そうすると、埋葬された三体の生前の年齢は、1号人骨が熟年以上、2号人骨が成年後半～熟年、3号人骨が成年～熟年となり、2号人骨と3号人骨は生前は同世代であったと考えられる。しかし、1号人骨との関係になると、2号人骨は同世代の可能性はあるが、埋葬間隔が長い場合には二世代になる。また、1号人骨と3号人骨との関係は、年齢が離れた同世代とするにもやや無理があり、二世代に分かれると考える方が無難であろう。そうすると、A号石棺における三体の生前の世代構成は、1・2号人骨が同世代で3号人骨が次世代という二世代構成と、1号人骨が第一世代、2・3号人骨が第二世代という二世代構成の、二つの場合が想定される。したがって、想定されうる被葬者の親族関係は、

a　1・2号人骨はキョウダイで、3号人骨はいずれかの子
b　1・2号人骨は夫婦で、3号人骨は2人の子
c　1号人骨が父親で、2・3号人骨がキョウダイ
d　1号人骨が父親で、2・3号人骨が夫婦

という四つの可能性に分けられる。

墓被葬者のQモード相関係数

4A1*4A3	4A1*4C1	4A1*4C2	4A3*4C1	4A3*4C2	4C1*4C2
−	−	−	0.412	−	−
−	−	−	0.294	−	−
−	−	−	0.386	−	−
−	−	−	0.317	0.565	0.462
0.204	0.333	−	0.201	−	−
0.230	−0.114	−0.202	0.305	−	−
−	−	−	0.457	0.755	0.864
0.403	0.626	0.572	0.323	0.697	0.842
0.476	0.571	0.492	0.339	0.614	0.845
0.630	−0.052	−0.139	0.286	0.547	0.847
−	−	−	0.210	−	−
0.132	0.319	−	0.535	−	−

ついて」『陣ヶ台遺跡』玖珠町教育委員会，1999年より）

B号石棺の人骨は老年男性の単体埋葬であるが、C号石棺は内部に二体の埋葬が認められた。2号人骨が追葬されたのは1号人骨の軟部組織の腐朽が完了する前であったことから、1号人骨埋葬後おそらくは数年以内に2号人骨を追葬したと推定される。そして、この二体の死亡推定年齢は、1号人骨、2号人骨ともに熟年以上であることから、この二体は生前は同世代であったろうと推定される。したがって、C号石棺の男女の被葬者の生前における関係は、

i　二体はキョウダイであった

ii　二体は夫婦であった

の二つの可能性に分けられる。

検証結果　さて、歯冠計測値を用いた分析結果は、4-A-1号と4-C-1号、4-A-3号と4-C-2号、4-C-1号と

表3　陣ヶ台4号

歯種の組み合わせ
UI1I2CP1P2M1M2LI1I2CP1P2M1M2
UI1I2CP1P2M1LI1I2CP1P2M1
UP1P2M1M2LP1P2M1M2
UI1I2CP1P2LI1I2CP1P2
UCP1P2M1LCP1P2M1
UP1P2M1LP1P2M1
UI1I2CP1P2M1M2
UI1I2CP1P2M1
UCP1P2M1
UP1P2M1
LI1I2CP1P2M1M2
LP1P2M1M2

（田中良之・大森円「陣ヶ台遺跡出土の人骨に

4-C-2号のそれぞれのペアに、複数の組み合わせで〇・五〇〇をこえる高い相関係数が得られた。また、4-A-1号と4-A-3号、4-A-1号と4-C-2号、4-A-3号と4-C-1号の間においても、相関係数が〇・五〇〇以上の値を示す組み合わせがあり、他の組み合わせにおける値も多くは低くない。したがって、これらのペアについては血縁者の可能性が高いという推定結果が得られた（表3）。

この結果を踏まえて前述のモデルをみると、C号石棺では、同世代の男女が血縁者と推定されたことから、夫婦モデルiiは棄却され、キョウダイモデルiが検証されたといえる。また、A号石棺については、1号人骨と3号人骨の関係のみ分析可能であったが、二体が血縁者であったと推定された。したがって、1号人骨と2号人骨が親子かオジ・メイの関係であることは検証できた。しかし、この結果のみでは四モデルから最適のモデルを選択することはできない。しかし、C号石棺における分析結果、および西日本各地からの分析例（田中前掲、一九九五年）を考慮すると、分析し得なかった1号・2号人骨も血縁関係にあった可能性が高いといえよう。ただ、その場合でも、aモデルとcモデルの選択はできない。

累代の築造か　さて、次に問題となるのが、三基の主体部に葬られた被葬者の関係である。三基がA号石棺→B号石棺→C号石棺の順で造られたものの、周溝内の土師器の時期幅からみるとそれほど長くはない期間に三基が造られていると想定される。

これには、三基が世代をおって累代的に築造された場合、三基の初葬者が同世代であった場合、A号石棺初葬者の次世代がB号石棺およびC号石棺の二基に分かれた場合、の三つが想定される。これらのうち、累代築造の場合は、A-1号人骨がおおむね五〇代で死亡していることから、その時点で次世代のB号石棺被葬者は二〇～三〇代、さらに次の世代のC-1号人骨は〇～一〇代ということになろう。そうすると、B号石棺人骨は老年で死亡していることから、六〇代としても三〇～四〇年が経過しており、そして、その一〇年ほど後にC-1号人骨が五〇代となって死亡して、C号石棺が築造されたということになる。

同世代の場合は、三基の初葬者がA号石棺（熟年後半）・B号石棺（老年）・C号石棺（熟年後半）であり、同時死亡であれば同世代でも無理ではない。ただ、A→B→Cという順序は確認されており、築造の間隔が問題となろう。A号石棺とB号石棺は切り合い関係もなく、その点ではA号石棺直後にB号石棺が築造されたと考えることもできる。しかし、B号石棺は、A号石棺と完全に平行するわけではなく、主軸もやや西にずれ、石棺自体が東南方向に半分ほどずれている。したがって、A号石棺の直後に、これを意識して築造されたにしては不自然なのである。これは、C号石棺も同様である。すなわち、C号石棺は、B号石棺の埋土を切り込んで、大きめに掘り込み、これを作業スペースとして、先行する両石棺を避けるようにして石棺部分をさらに掘り込んでいる。ところが、この作業スペースはB号石棺の半分ほどを覆っているのである。この事実は、C号石棺築造時にはB号石棺の埋葬の記憶がだいぶ薄れていて、先行する石棺の一つを正確に把握できなかったことを示している。

被葬者の関係をみても、A号石棺とB号石棺の築造間隔が数年程度であったならば、A-1号人骨とB号石棺人骨はほぼ生前は同世代でよい年齢になる。しかし、それからさらに数年後にC号石棺が造られたと仮定すると、C-1号人骨のA-1号人骨死亡時の年齢は、五〇代から一〇年ほどを引いた年齢、すなわち四〇代ほどとみなければならない。これでも、A-1号人骨やB号石棺人骨と同世代とみることもできるが、C-2号人骨は四〇代という死亡年齢から一〇年ほどを引いてさらに追葬までの間隔数年を引かなければならないため、三〇をすぎたほどの年齢になってしまう。前記のように、C号石棺の二体は生前同世代と考えられる。ところが、三〇すぎのC-2号人骨と五〇代のA-1号人骨・B号石棺人骨とが同世代とするにはやはり無理があろう。

最後の場合は、A-1号人骨死亡時にはB号石棺人骨とC-1号人骨は二〇～三〇代ということになろう。そうすると、B号石棺築造までには三〇～四〇年ほどを要したことになる。ところが、C-1号人骨が熟年後半に達するには二〇～三〇年ほどであり、B号石棺とC号石棺の順序が逆転するか、あるいは同時でなければならなくなるのである。しかし、同時かそれに近い間隔であれば、両石棺の関係が調査所見と整合せず、この場合も考えがたい。

したがって、これらからみると、三基が累代的に築造されたという場合が最も可能性が高い。そうすると、A号石棺の築造からC号石棺の築造まで四〇～五〇年の間隔があり、その後C-2号人骨が追葬されるまでこの周溝墓が用いられたということになる。この時期幅が、周溝内の土師器が示す年代観の幅に収まるかどうかが問題となろうが、四世紀後半～末というところがこれら土師器の妥当な年代であり、時期幅としては矛盾しない。

そうすると、先の親族関係分析の結果とあわせると、4号方形周溝墓における埋葬は、A号石棺における関係がaモデルであった場合、A-1・2号人骨（男女）はキョウダイであり、そのいずれかの子がA-3号人骨（女性）およびB号石棺人骨（男性）、B号石棺人骨の子がC-1・2号人骨（男女）であったということになる。そして、先の歯冠計測値による分析結果は、親子（A-1とA-3）、祖父と孫（A-1とC-1・2）、オバとオイ・メイ（A-3とC-1・2）、キョウダイ（C-1とC-2）のそれぞれの関係が検証されたことになる。そして、これはCモデルの場合も同様である。

このように、4号方形周溝墓の分析結果は、男女のキョウダイ＋いずれかの子（女性）あるいは父親＋娘二人、男性一人、男女のキョウダイという三つの構成が累代的に展開したという結果が得られた。さらに、A-3号人骨、C-2号人骨は経産婦であった可能性が高く、経産婦でも配偶者と同墓には葬られないことを示している。

隣接する古墳の被葬者

次は、複数の古墳が隣接して築造された例である。広島県府中市山の神遺跡では2号墳・3号墳・4号墳が境を接して築造されていた。そして、2号墳には石棺と土壙墓が一基ずつ、3号墳には石棺二基と土壙墓二基、4号墳には石棺二基が検出された（図21）。そして、2号墳から成年女性（1号人骨）、成年男性（2号人骨）、3号墳第1主体部から七歳前後の小児（1号人骨）、九歳前後の小児（2号人骨）、3号墳第2主体部から年齢・性別ともに不明の人骨二体、4号墳第1主体部から成年女性、第2主体部から老年女性の人骨がそれぞれ出土している。

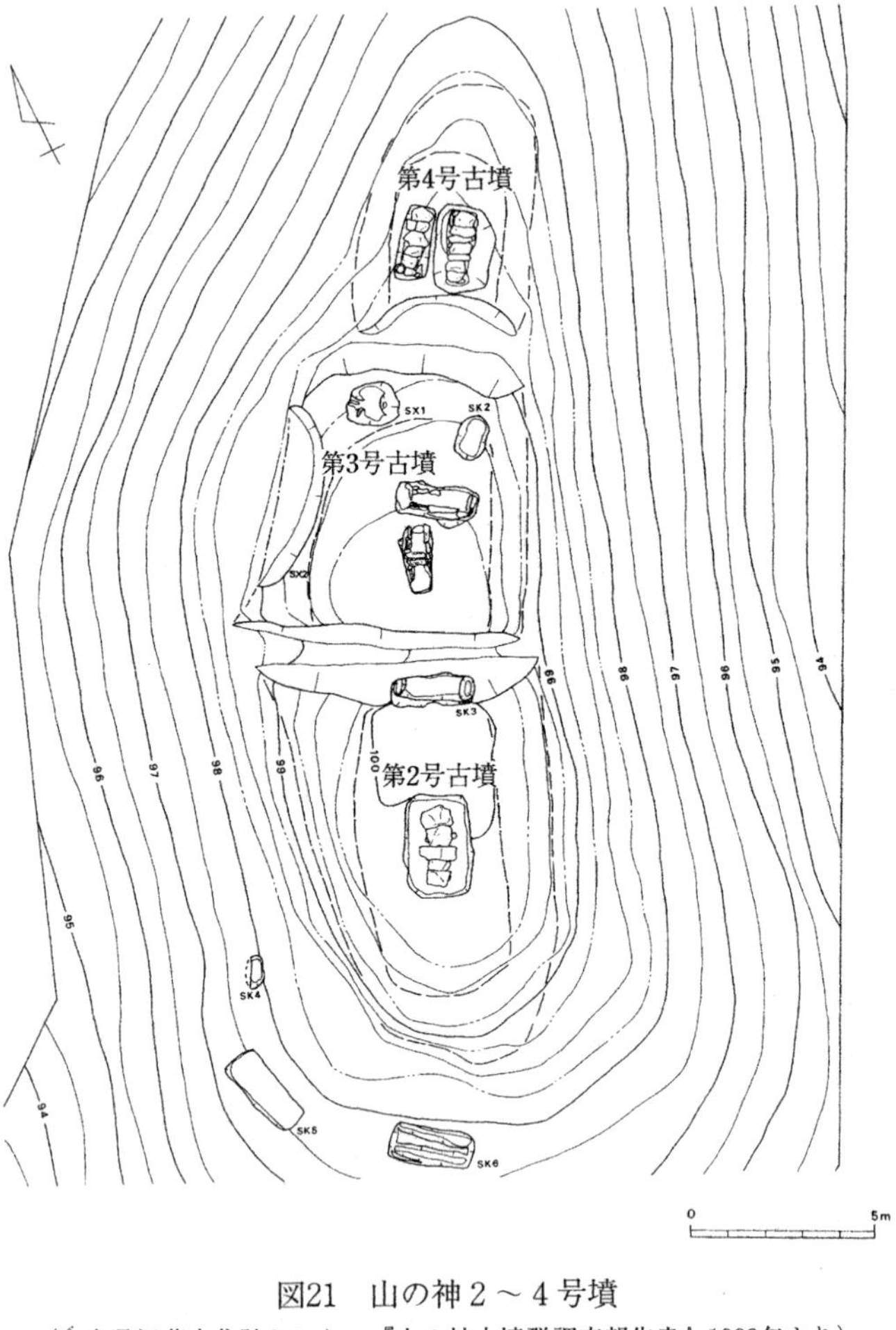

図21　山の神２～４号墳
（広島県埋蔵文化財センター『山の神古墳群調査報告書』1999年より）

これらの古墳は、尾根上に丘陵先端から2号墳、3号墳、4号墳の順に築造されたと考えられている。相互の境界は溝によって画されており、2号墳と4号墳第2主体からそれぞれ土器が出土している。そして、これらの土器は同時期と考えてよく、したがってこれら三基は近接した時期に築造されたとすることができよう。

さて、これらのうち、2号墳の成年男女は、1号人骨（女性）が先に埋葬され、2号人骨（男性）が追葬されたものである。2号人骨追葬の際に1号人骨は片づけられてはいないが、1号人骨の骨盤と左大腿骨が体軸からみて左方向に回転している。これは2号人骨の追葬時に二次的に動いたものであるが、全体的に回転していることから、1号人骨の仙腸関節と左股関節が追葬時には関節していたことがわかる。したがって、二体の人骨間の埋葬間隔は長くても数年以内と考えられ、二体が生前は同世代であったと推定される。

3号墳第1主体の小児二体も、やはり一方が追葬されたと考えられるが、小児だけの埋葬である点からみて、近接した時期に埋葬されたと考えて大過ないだろう。しかし、4号墳の被葬者は老年と成年の女性であるが、二つの主体部は同一墓壙内にあり、大きな時期差があったとは考えられない。したがって、この二体には世代差があった可能性が高い。

世代構成の復元

このように、三基の被葬者は、2号墳は同世代の男女と大人一人（土壙墓）、3号墳がおそらくは大人二人と子供二体という二世代に加えて子供二人（土壙墓）、4号墳が成年と老年の女性によるおそらくは二世代という構成であったとすることができる。つまり、全体で大人七人、子供四人という構成であった可能性が高いのである。

そうすると、各古墳間での被葬者の世代構成が問題となる。すなわち、2号墳→3号墳→4号墳と連続的に営まれていることから、それぞれの古墳の被葬者が世代的に連続する可能性も考慮しなければいけないからである。しかし、2号墳の被葬者は、1号人骨が成年前半から中頃、2号人骨が成年後半と推定されることから、親・子・孫と三世代にわたって三基の古墳が築造されたとすると、2号墳1号人骨埋葬の段階では、次世代の人物（3号墳の成人被葬者）はまだ一〇歳前後ということになり、成人までにあと一〇年ほど、4号墳第2主体の老年女性の死までにはさらに六〇年ほどが必要になり、合計七〇年ほどの時期幅を見込まなければならなくなろう。ところが、2号墳と4号墳第2主体から出土した土器は、考古学的にほぼ同時期であり、時期幅を長く見積もっても七〇年にははるかに及ばない。したがって、これらの事実から、三世代にわたって連続して営まれたとは考えがたく、むしろ2号墳被葬者と4号墳第1主体部の老年被葬者とが生前は同世代であったという程度の時間差であった可能性が高い。

以上のように、これら三基の被葬者は、2号墳は同世代の男女の組み合わせであるものの、3号墳ではおそらくは成人の被葬者に小児という構成であり、4号墳では世代が異なる女性によって構成されるという変異に富んだものである。そして、これら三基が時期的にも近接して築造されたことから、生前は同世代であった人物を埋葬した可能性が高い。

分析結果

歯冠計測値による分析が可能であったのは、第2号墳1号人骨・2号人骨、第3号墳第1主体部1号人骨・2号人骨、第4号墳第1・2主体部出土の人骨、計六体であった（表4）。まず、2号墳の二体は、四つの組合せで〇・二二七～〇・三五三の値が得られている。これらの値は、この血縁者推定法でいちおうの目安としている〇・五〇〇以上の値ではないが、マイナス値でもなく、血縁者である可能性を否定し去るものでもない。したがって、この二体の関係については、分析結果からは判断できない。次に、3号墳の小児二体は、三つの組み合わせで比較的高い値が得られている。したがって、この二体は血縁関係にあった可能性が高い。

4号墳の二体の被葬者は、第2主体被葬者が老年のため、下顎の小臼歯・大臼歯による組合せでしか分析できなかったが、〇・二七二という値であった。これは、2号墳の被葬者と同様に、血縁者の可能性を残しながらも判定はできないというものである。

さて、古墳間の関係では、2号墳1号人骨は、3号墳1号主体1号人骨との間に高得点が得られており、3号墳1号主体2号人骨との間にも高い値が得られている。2号墳2号

墳被葬者のQモード相関係数

2-1*2-2	2-1*3-1	2-1*3-2	2-1*4-1	2-1*4-2	2-2*3-1	2-2*3-2
0.239	–	–	–	–	–	–
0.227	0.651	0.182	0.147	–	0.187	0.212
0.233	–	0.415	–	–	–	0.114
–	0.709	0.810	0.369	0.805	–	–
–	–	–	–	–	0.664	0.544
–	–	–	–	–	–	–
0.353	–	0.464	0.264	–	–	0.321

2-2*4-1	3-1*3-2	3-1*4-1	3-2*4-1	3-2*4-2	4-1*4-2
–	–	–	–	–	–
0.032	0.720	0.362	0.234	–	–
–	–	–	–	–	–
–	–	0.725	0.209	0.701	0.272
0.289	0.654	0.664	0.269	–	–
–	0.451	0.364	0.165	–	–
−0.155	–	–	0.592	–	–

人骨も、3号墳1号人骨・2号人骨との間に高い値が得られている。したがって、2号墳の二体の被葬者と3号墳の二体とは血縁関係にあった可能性が高い。

2号墳被葬者と4号墳被葬者との関係は、2号墳1号人骨と4号墳第1主体人骨とが〇・一四七、〇・三六九、〇・二六四という値で血縁者か否かの判断ができないが、第2主体人骨との間には〇・八〇五という高得点が得られていて、血縁者であった可能性を示している。また、2号墳2号人骨とでは、1号主体人骨とのみ分析が可能であったが〇・〇三二、〇・二八九、マイナス〇・一五五という値であり、判断を保留せざるを得ない。

3号墳被葬者と4号墳被葬者では、3

表4　山の神2～4号

歯種の組み合わせ
UI1I2CP1P2M2LI1I2CP1M1M2
UP1P2M2LP1M1M2
UI1I2CLI1I2C
UM1M2M1M2
LP1P2M1M2
UP1P2M1M2P1P2M1M2
UI1I2CP1M1M2

歯種の組み合わせ
UI1I2CP1P2M2LI1I2CP1M1M2
UP1P2M2LP1M1M2
UI1I2CLI1I2C
UM1M2M1M2
LP1P2M1M2
UP1P2M1M2P1P2M1M2
UI1I2CP1M1M2

号墳第1主体1号人骨と4号墳第1主体人骨との間で高得点が得られている。3号墳第1主体2号人骨も、4号墳第1号主体人骨との間に〇・五九二という値が得られて血縁関係の可能性を示し、第2号主体人骨との間にも高得点が得られている。

このように、歯冠計測値による分析によって血縁者と推定されたのは、同一古墳内では3号墳第1主体の二体の小児である。そして、この二体の双方もしくはいずれか一方と、2号墳の二体および4号墳の二体との間に血縁関係が推定された。さらに、2号墳1号人骨と4号墳2号人骨との間にも血縁関係が推定されたのである。

同世代の血縁者たち

この結果は隣接する三基の被葬者の間になんらかの血縁関係があったことを示しており、これら三基の造営主体が親族を基礎としたことが知られるのである。

さて、同世代の血縁者同士がこれら三基に埋葬されたとすると、成人七人という数はキョウダイでもおかしくはないかもしれない。しかしながら、わざわざ三基の古墳に埋葬を分けていること、3号墳は成人と小児という構成であることなどからみると、それぞれの独立性もまたみえるのである。したがって、これら被葬者の関係はキョウダイよりは離れたイトコなどの親族であった可能性が高くなる。

このように、山の神遺跡における三基の古墳は、同世代を基本とし、個々の古墳はキョウダイ関係を基礎とし、相互にイトコ程度の親族関係を基礎として考古学的には同時期に築造されたと考えられる。ということは、この三古墳を築造した集団は代表者を絞り切れていなかったことを示している。つまり、古墳の背景にあるのが家族ではなく、いまだ出自集団であることを示唆しているのである。

福岡平野の首長墳でも

私がこれまで行ってきた分析事例はほとんどが中小古墳である。これは、首長墳が盗掘されていることが多いことと、木棺や石棺など埋葬施設が大規模で精巧であることがわざわいして、人骨の保存が不良であるからである。それでも、いくつかの首長墳の分析が可能であった。

その一つは四世紀末の福岡平野における首長墳である福岡市老司《ろうじ》古墳である。全長七六メートルの前方後円墳であり、四基の石室を有し、いずれも竪穴系横口式石室である（図22）。そして、これらのうち2号石室、3号石室および4号石室から人骨が出土している。2号石室からは二体の男性人骨が出土しており、成～熟年の1号人骨が2号人骨追葬時

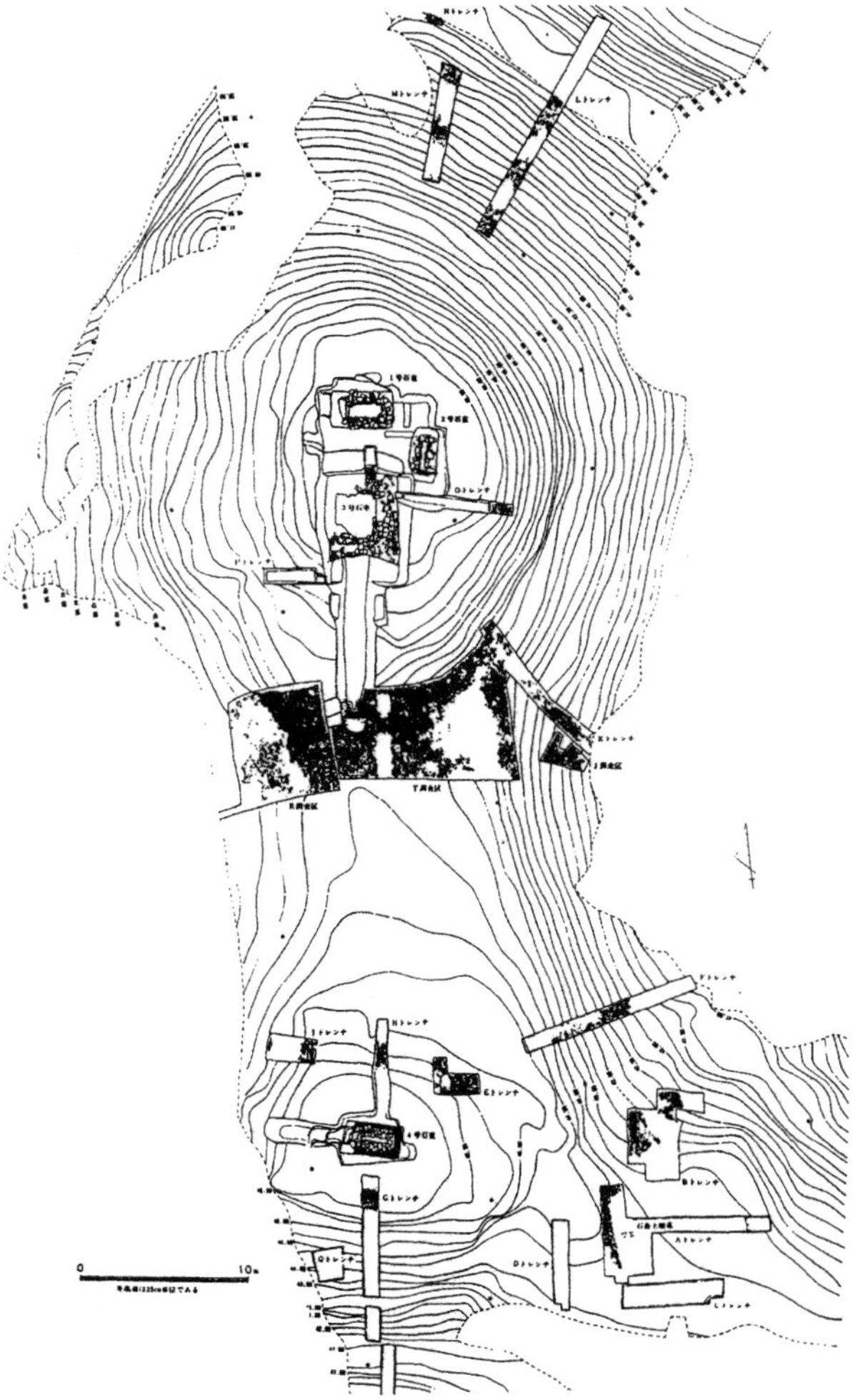

図22　老司古墳（福岡市教育委員会『老司古墳』1989年より）

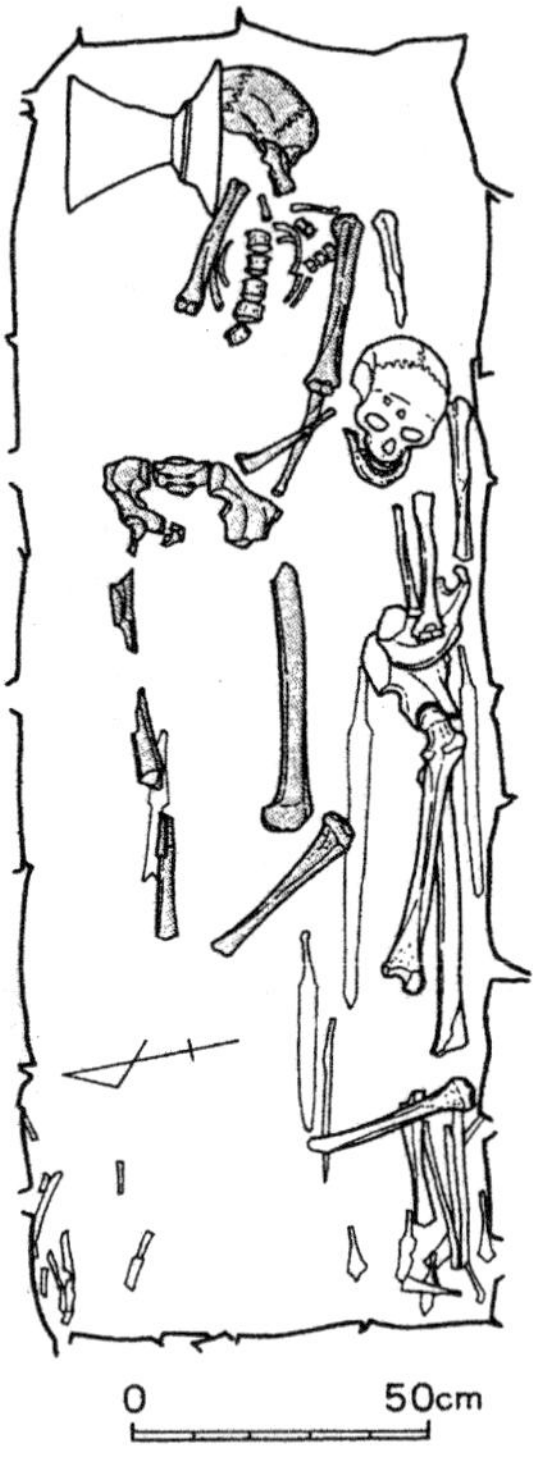

図23　4号石室人骨出土状態
（福岡市教育委員会1989年より）

に石室北端に片付けられているが、それ以上の情報はない。3号石室はこの古墳の中心主体であり、石室の西南隅に成年の女性の歯と上肢が遺存していたが、副葬品からみて他に何体かの被葬者と、その中に一人もしくは複数の男性が含まれていたことは間違いないが、詳細は不明である。4号石室には三体が埋葬されており（図23）、被葬者の世代構成を復元すると女性とその子供の世代の男性二人というものであった。

このように、同じ老司古墳でも、2号石室では男性二体、4号石室は女性が初葬で二世代構成であるなど、被葬者構成は多様である。といっても、この構成は同時期の他の古墳に共通したものであり、特異というわけではない。そして、四石室に時期差はほとんどないことから見ると、各石室に「家族」が葬られたとしても、「四家族」ということになるのである。じつは、老司古墳においては歯の保存が悪く、有効な歯の組み合わせが得られなかったため、血縁関係の推定はできなかった（土肥直美・田中良之・永井昌文「老司古墳出土人骨について」『老司古墳』福岡市教育委員会、一九八九年）。しかし、それぞれの石室が「家族」を単位とし、古墳全体はそれ以上の社会単位を背景としていることがうかがえる。つまり、山の神2～4号墳と同じことを前方後円墳上で行っているのである。

基本モデルIとその背景

私がこれまで古墳時代の親族関係について分析してきた結果は古墳時代の中で三段階がみられるというものであった（田中前掲、一九九五年）。そのうち前半期（三～五世紀代）においては、複数埋葬の場合にはいずれも血縁者が埋葬される。被葬者の構成は、男と女、男性同士、女性同士や、男性二体と女性一体、女性二体と男性一体などがあり、他にもこれらの構成に子供が伴うなど多くの変異がある。したがって、そもそも男女のペアが原則というわけでもない。そして、その世代構成を復元すると、同世代の構成が基本となる。つまり、同世代の血縁者、すなわちキョウダイが基本なのである。これについては近親婚であった可能性も考慮する必要がある。近親婚は、わが国でも仁徳朝と飛鳥時代に顕著にみられるが、基本的には王家とその周辺に権力が集中化される際に現れるものであり、中小古墳の被葬者クラスまで広く行われていたかどうかは疑わしい。それ以前に、被葬者構成が実に多様であり、男女のペアのみではないのである。したがって、埋葬自体が夫婦を単位としておらず、近親婚と考えるには無理がある。やはり、互いに血縁関係にあると考えられる被葬者たちは、キョウダイであったとすべきである。

本書で扱った事例にもみられたように、このキョウダイ関係を基礎として複数世代に及ぶことも多い。これまでの事例では五世代にまでおよぶ被葬者が一つの石棺に埋葬された事例があるが、それぞれの世代はやはりキョウダイ関係である（田中良之「草場第2遺跡出土人骨の親族関係」『草場第Ⅱ遺跡』大分県教育委員会、一九八九年）。また、すべて血縁者ということは、配偶者は同じ墓には入らないということであり、実質的な血のつながりを重視する点に特徴がある。また、子供を含む場合には父子とともに母子の例もあることから、父系でも母系でもない親族関係、すなわち双系であったといえる。

そこで、これらをモデル化したのが図24である。私はこれを「基本モデルⅠ」と呼んでいるが、もちろん「未検証段階の作業仮説」という意味での「モデル」とは違って、検証済みの個々の関係を抽象化したものとしての「モデル」である。したがって、図24にみえる「男女のキョウダイ」は、実際にそうであったという意味ではもちろんなく、キョウダイを象徴的に表すと男女二人のキョウダイになるというにすぎない。

さて、古墳への埋葬が複数埋葬ばかりとは限らない。いや、むしろ一人だけ埋葬した事

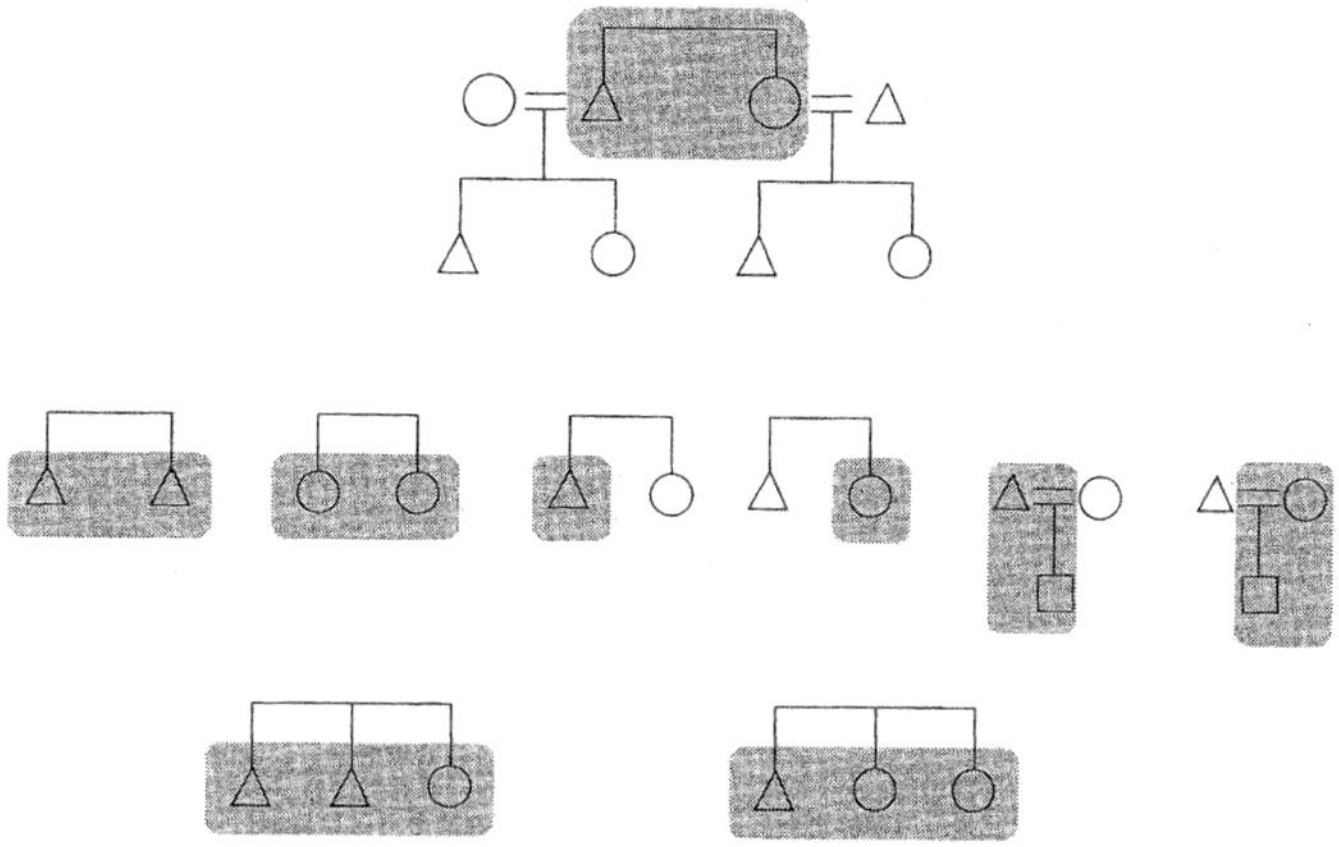

図24　基本モデルⅠ

例の方が多いかもしれない。そして、一人だけ埋葬された事例をみると、男性の単体埋葬だけでなく、女性の場合も多い。これは首長墳においても同様であり（今井堯《たかし》「古墳時代前期における女性の地位」『歴史評論』一九八一(2)、一九八二年）、地域差もない。そして、比率をみると男性六に対し女性四の比率である（田中良之「古墳被葬者とその変化」『九州文化史研究所紀要』38、一九九三年）。この比率は、複数埋葬の古墳でその古墳を築造するきっかけともなった初葬の人物の場合も同様であり、規模の大小を問わず、男性とともに女性も集団の代表となることが普通であったことを示している。

私が基本モデルⅠを設定したときは、岡山県以西の分析事例に依っていた（田中前掲、一九九五年）。しかし、その後、清家章《せいけあきら》によって近畿地方の事例が分析され、やはり双系であることが検証されている（清家章「近畿古墳時代の埋葬原理」『考古学研究』49-1、二〇〇二年）。今のところ近畿の首長墳の分析例はないが、人骨の出土自体が期待できない状態なので、今後も状況は変わらないと考えられる。といっても、古墳における現象に差はないことから、首長層においても同様であるとみて大過ないだろう。そして、三世紀中葉から後半にかけての倭国の首長層については、いわゆる『魏志倭人伝《ぎしわじんでん》』の記述があり、邪馬台国《やまたいこく》の卑弥呼《ひみこ》は女王、狗奴国《くなこく》は男王、しかも邪馬台国の王は男王から卑弥呼、その後男王を経て台与《とよ》と続いたことが記されているのである。

このような親族関係は弥生時代から連続するものであり、前半期古墳の被葬者構成も、北部九州の弥生時代後期のそれと同様であり、おそらくは中期後半の男女のペアや近畿地方などの方形周溝墓被葬者と通じるものと考えられる。

家族か氏族か

これらの被葬者は、たとえ単体埋葬の場合でも、個人で埋葬されているのではなく、何らかの社会集団を背景としている。その集団については、かつては「家族」をイメージしてきた。しかし、単純にそう考えたことは問題であった。というのも、女性被葬者は骨盤に妊娠・出産痕が認められることから、キョウダイ二人の埋葬であっても二組の夫婦を背景とすることになり、単純ではないからである。もちろん、結婚のかたちが同居婚だけではなく、妻問婚《つまどいこん》のような別居婚であれば、それでも一家族で説明がつくかもしれない。しかし、山の神2～4号墳や老司古墳のように、とうてい一家族の範囲におさまらない被葬者数や埋葬施設の事例もあり、家族よりも大きな集団が埋葬された場合もあるのである。

したがって、古墳時代前半期は、家族単位の墓もあれば、親族の範囲に広がる範囲で同墓を営むこともあった可能性が高く、まさに親族集団から家族が析出されていく過程にあったということができよう。そして、ここにいう親族集団とは氏族が分節した出自集団に他ならない。首長は、最有力の出自集団の長であると同時に、これら出自集団を血縁紐帯で結合した集団、すなわち氏族を代表して古墳へと葬られ、さらには地域集団をも代表した。山の神2～4号墳や老司古墳における現象は、氏族から支配層をなす有力出自集団を析出していながら、首長層においても、その下位階層においてもその「長」の家族が突出し得ない状態もあったことを物語っているのである。

父系社会の形成

「上ノ原」が解明したこと

鋭い問題意識

上ノ原《うえのはる》横穴墓群は、大分県下毛《しもげ》郡三光《さんこう》村と中《なか》津《つ》市の山国川右岸斜面に位置し、一九八一年から一九八五年にかけて村上久和・吉留秀敏をはじめとする大分県教育委員会によって総数八〇基の横穴墓が調査された。五世紀後半から築造が開始される横穴墓群で、六世紀後半から一部七世紀代まで継続している。その構成は、初期

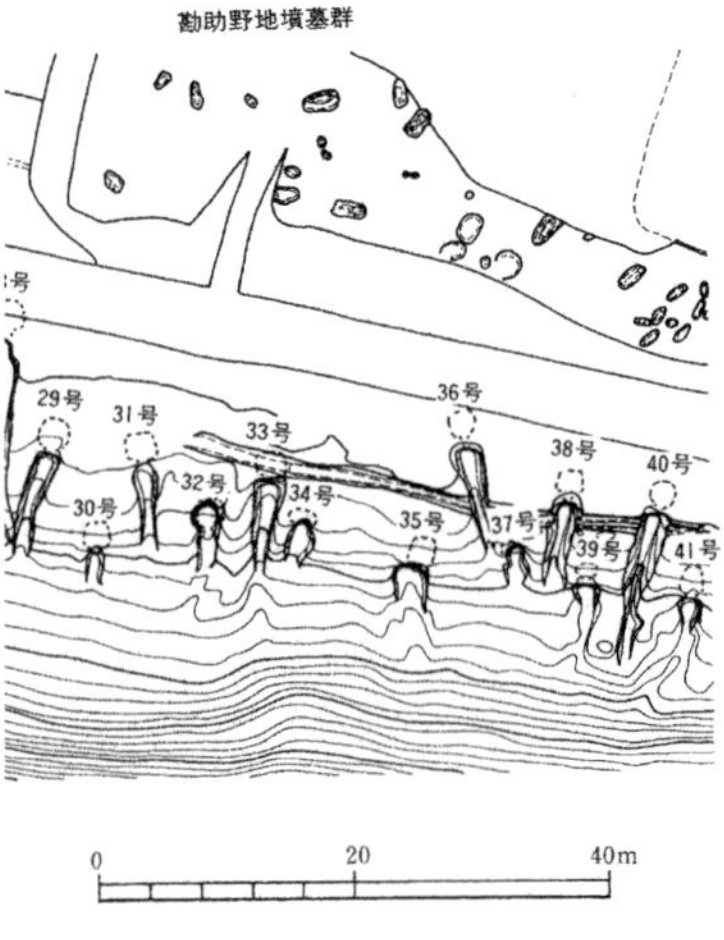

跡群 I』1989年より）

横穴墓（五世紀後半〜六世紀前半）が一〇メートル前後の間隔で並び、後続する横穴墓はその間の空閑地に連続して築造されている。つまり、一〇メートルほどの幅であらかじめ割り当てられた各々の墓域に、古いものから順に築造されるという、比較的明瞭な墓群の単位のあり方をしている（図25）。

ほとんどが処女墳であったという好運にも恵まれたが、福岡県行橋《ゆくはし》市竹並遺跡において二〇〇〇基をこえる横穴墓群の調査にも従事した村上久和が、横穴墓についていくつもの解決すべき課題を見出しており、それらを解決するための調査法が練り上げられたことが奏功した。そして、墓道部の層位的調査に代表される

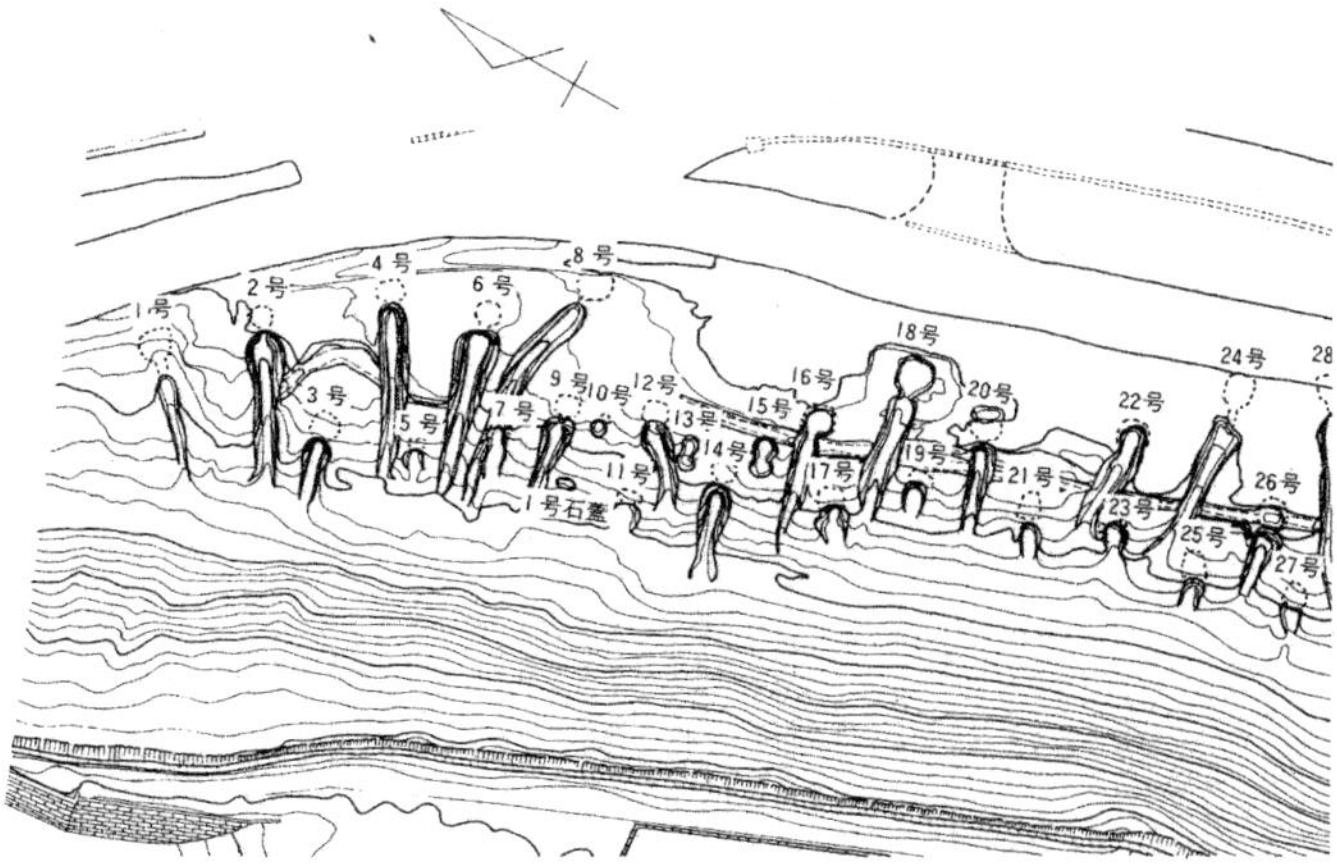

図25　上ノ原横穴墓群（大分県教育委員会『上ノ原遺

精密な調査によって、葬送儀礼やその過程、埋葬回数やその間隔の推定など、それまでの誰もが明らかにし得なかった事実の追究がなされた。現地での発掘段階から人骨の調査に参加した私にも村上らの要求は厳しく、被葬者の埋葬順序、埋葬状況、埋葬間隔などの観察を詳細に行う機会が与えられた。その成果の詳細はとうてい本書に収めきれるものではなく、刊行された報告書（大分県教育委員会『上ノ原遺跡群Ⅰ・Ⅱ』大分県教育委員会、一九八九・一九九三年）を参照していただきたい。

私のこれまでの親族関係研究はこの上ノ原横穴墓群の調査を端緒としている。そして、この遺跡の調査研究が明らかにしたものは、単に親族関係だけではなく、儀礼や集団構造など多岐にわたる。そしてまた、それら解明された事実が、さらに親族関係研究と結びついていったのである。本章では、この上ノ原横穴墓群の調査研究が明らかにした内容を概観しながら、五世紀後半における親族関係の変化についてみていくことにする。

被葬者の親族関係

上ノ原横穴墓群は、親族関係研究に不可欠な考古学的分析法を開発するきっかけともなった。すなわち、27号横穴墓被葬者の世代構成の復元を行い、被葬者に対して初めて歯冠計測値による分析を行ったのである。人骨の状態や考古学的情報をフルに活用して被葬者の世代構成を復元して親族関係モデルを作成し、それを歯冠計測値による分析で検証するという方法は、この時確立した（田中良之・土肥

直美・船越公威・永井昌文「上ノ原横穴墓被葬者の親族関係」『上ノ原横穴群Ⅳ』大分県教育委員会、一九八五年）。

その後も分析事例を増していったが、人骨の保存状態の関係から、分析に使用できたのは主として11号・21号・25号・27号・30号・63号の各横穴墓とその被葬者であり、他の横穴墓および出土人骨も必要に応じて適宜使用した。すでに詳細を明らかにしているので（田中良之「上ノ原横穴墓群被葬者の親族関係」『上ノ原遺跡群Ⅱ』大分県教育委員会、一九九三年、田中良之『古墳時代親族構造の研究』柏書房、一九九五年）、ここでは分析過程は省略するが、歯冠計測値による分析で棄却されなかったモデルを図26に示す。

これらの分析結果が示すところは、上ノ原横穴墓群の被葬者は、二世代か三世代で構成され、第一世代は成人男性のみであるのに対して、第二世代以降は男女・若年・小児と変異に富むという点に共通点があることである。これは、第一世代と第二世代の被葬者の性格が異なることを示すと考えられるが、各横穴墓とも成人男性の死を契機として築造されている点が注目される。上記の事例だけでなく、この分析に使用しなかった他の横穴墓のうち、埋葬順位が明らかとなっている19号・35号・64号横穴墓においても初葬者は男性であった。また、被葬者を一人だけに絞り込んだ単体埋葬例（5号・48号・50号・52号横穴墓）においても、被葬者は男性に限られる。

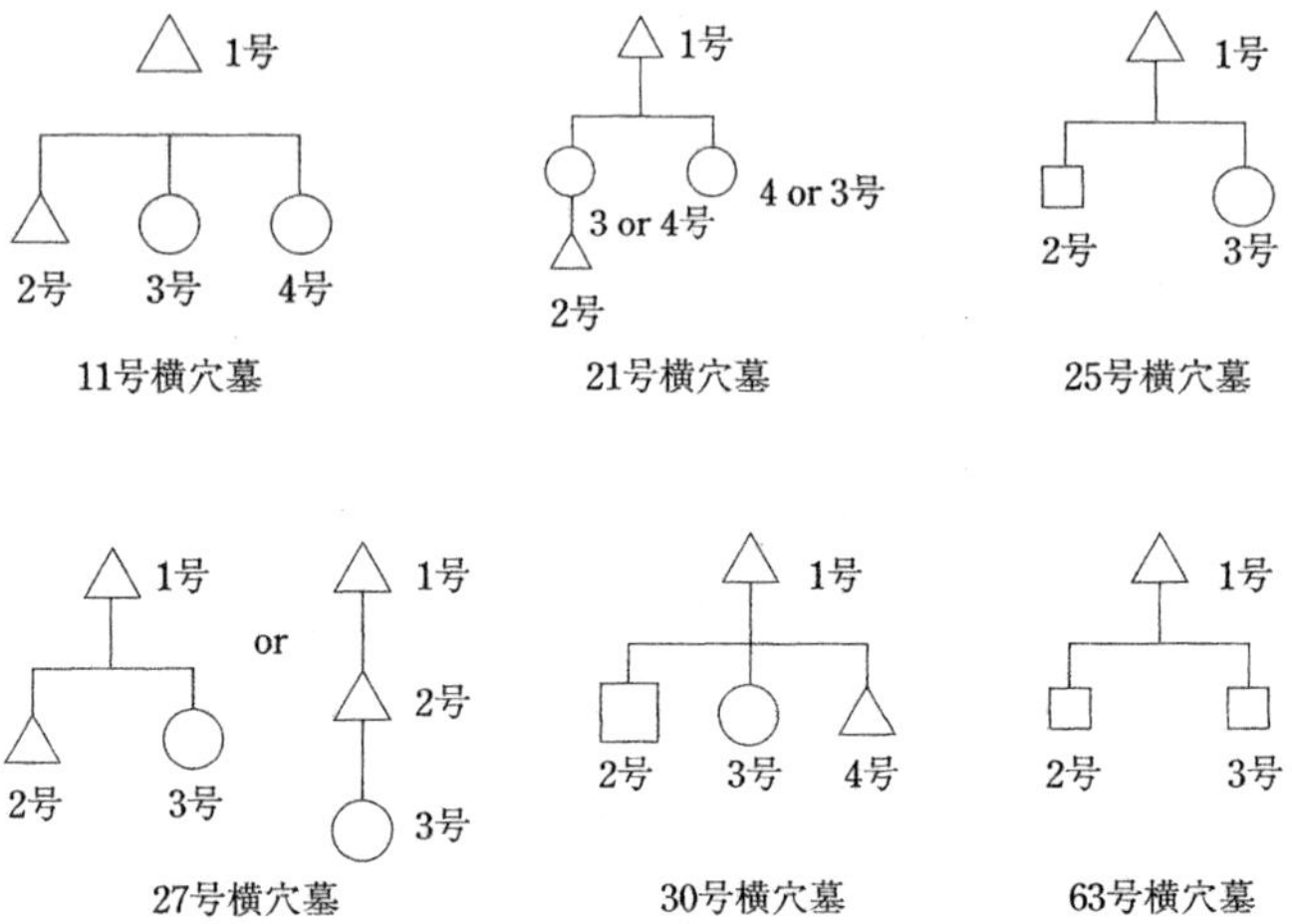

図26　モデル検証図（田中良之「上ノ原横穴墓被葬者の親族関係」『上ノ原遺跡群Ⅱ』大分県教育委員会，1991年より）

第二世代被葬者は、歯冠計測値を用いた分析から、同世代の男女も夫婦とは考えがたく、キョウダイであったと考えられる。したがって、上ノ原における埋葬の基本原理は、父とその子（キョウダイ）であり、父系の血縁原理であったと考えられる。第一世代、第二世代とも被葬者の配偶者は葬られていない。しかも、追葬された女性で確認が可能であった25号横穴墓3号人骨および27号横穴墓3号人骨の骨盤（寛骨《かんこつ》）に妊娠・出産痕（前耳状溝）が認められたことから、結婚─出産を経ていても死後は父の墓に追葬される娘もいたのである。

家長家族の累代墓

さて、これにより墓に葬られるのが父とその子、すなわち父系の血縁者のみであることが明らかとなった。そこでこれらの関係をモデル化するとどうなるであろうか。これまで得られた個別横穴墓のモデルでは、父とその子が最も多く、例外は二例にすぎない。したがって、図27のようにモデル化できよう。この図では、実際の家族の中から墓に葬られる人物を黒く塗りつぶし、同じ墓には葬られなかった人物を白抜きのままにしてある。墓に葬られるのは父とその子、すなわち父系の血縁者のみであることがここに示されている。ところが、これを累代的にモデル化しようとすると問題がでてくる。つまり、これには次の世代の家長が含まれているのか、という問題である。

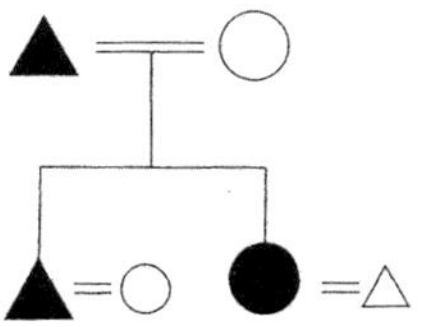

図27　上ノ原横穴墓群被葬者の親族関係モデル

上記のように、第一世代と第二世代では被葬者の構成に相違がみられ、後者には必ずしも男性が含まれているわけではない。副葬品をみてみると、11号横穴墓では、初葬の1号人骨（男性）には鉄剣・鉄鏃《てつぞく》・刀子《とうす》が副葬されるのに対して、第二世代では3号人骨（女性）に刀子が副葬されるのみである。21号横穴墓では、副葬品は初葬1号人骨（男性）の直刀・鉄鏃のみ、25号横穴墓においては、第一世代の1号人骨（男性）に鉄剣・直刀、第二世代の2号人骨（小児）に鉄鏃、3号人骨（女性）には鉄斧《てつぷ》がそれぞれ副葬されていた。27号横穴墓では、初葬の1号人骨（男性）には副葬品がなく、第二世代の2号人骨（男性）に鉄鏃・刀子、同世代もしくは第三世代の3号人骨（女性）には玉類・土師器が副葬されていた。30号横穴墓においては、第一世代の1号人骨（男性）に鉄剣・鉄鏃、第二世代の2号人骨（若年）に刀子、3号人骨（女性）に土師器、4号人骨（男性）には鉄鏃・刀子・土師器がそれぞれ副葬されていた。63号横穴墓では、副葬品は初葬者の1号人骨（男性）への鉄鏃のみであった。また、この分析には使用しなかった64号横穴墓でも、初葬の1号人骨（男性）のみが鉄鏃・刀子を副葬されていた。

このように、二世代構成の場合、第一世代と第二世代では副葬品、とりわけ鉄製武器に格差が認められた。すなわち、刀・剣をもつのは初葬者のみであり、刀・剣を副葬していない横穴墓では鉄鏃がこれに代わる。したがって、次世代の家長は同じ墓には葬られていなかったということになる。上ノ原横穴墓群においては、初期横穴墓に隣接してより新しい時期の横穴墓が築造されており、一つの単位をなしている。これは、時期的にみても、次世代の家長の死を契機として作られた可能性があるものである。しかし、その可能性を確かなものにするためには、時期的に連続する横穴墓の被葬者が世代的に連続することを明らかにする必要がある。

そこでまず、63・64・65号横穴墓の事例を検討すると、これは三基の横穴墓が隣接するもので、64号→63号→65号の順に築造されている（図28）。すなわち、64号横穴墓は、初葬が五世紀後半で追葬は六世紀前半に及び、63号横穴墓は築造が六世紀前半、65号横穴墓は六世紀後半に造られている。これらの時期幅だけをみると、64号と63号が比較的近接した時期に築造されており、65号の築造までに相当の時間がたっていて、家長の世代的連続では説明できないように思える。しかし、64号横穴墓は、歯の保存が不良のため上記の分

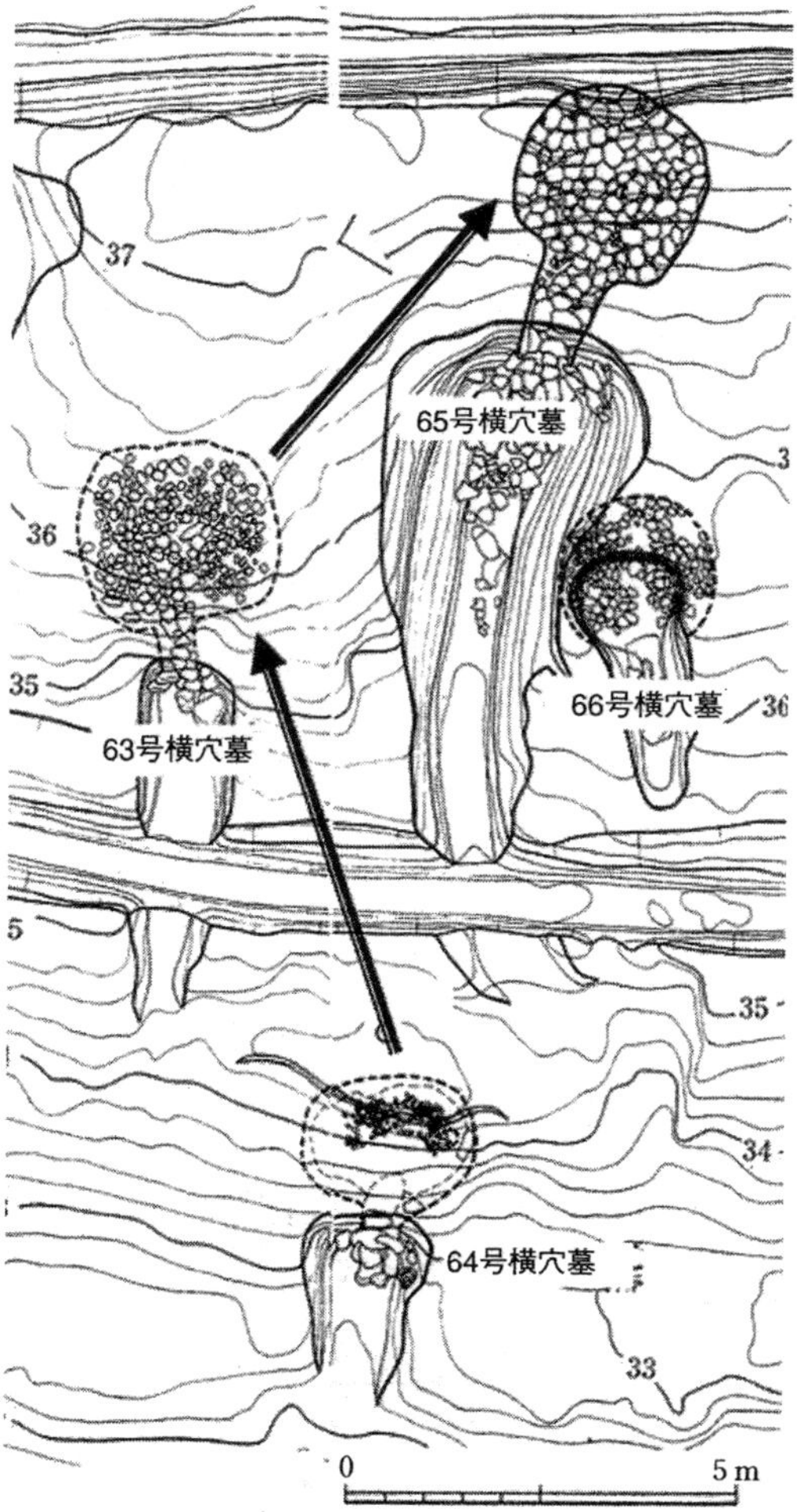

図28　上ノ原63〜65号墓
（大分県教育委員会『上ノ原遺跡群Ⅱ』1991年より）

析には使用しなかったものの、人骨は遺存しており、三世代が埋葬されていたと考えられる。そして、図29のように、64号横穴墓の第三世代である2号・4号人骨と63-1号人骨は同世代であり、キョウダイであると考えられる。

次に、63号横穴墓と65号横穴墓の連続を考えると、65号の人骨が遺存していなかったためはっきりとはいえないものの、63-1号人骨が二〇代で死亡していることから、その子は63号横穴墓築造時には〇歳に近い幼児であったと思われる。そして、この人物が熟年で死亡したとすると、63号の四〇〜六〇年後に65号横穴墓が築造されたことになり、図29に示したように、65号横穴墓が築造された六世紀後半という年代観とも重なりをもってくるのである。つまり、この三基の横穴墓は、64号と63号が時期的に近く、63号と65号との間の時期幅が大きいということで、世代の連続とするには難があるかにみえたが、それは63号横穴墓に葬られた家長が若くして死亡したことと、おそらくは65号横穴墓の家長が比較的長寿であったことによると考えられるのである。

さて、次に、同一横穴墓を長期間にわたって使用した35号横穴墓について検討する。この横穴墓は、上ノ原横穴墓群中最大規模であり、七体の被葬者が埋葬されていた。いくつかの場合を考慮して検討した結果、七体の被葬者は五世代もしくは四世代にわたる構成となった。この横穴墓の初葬は五世紀後半、最終埋葬は六世紀後半であることから、四世代

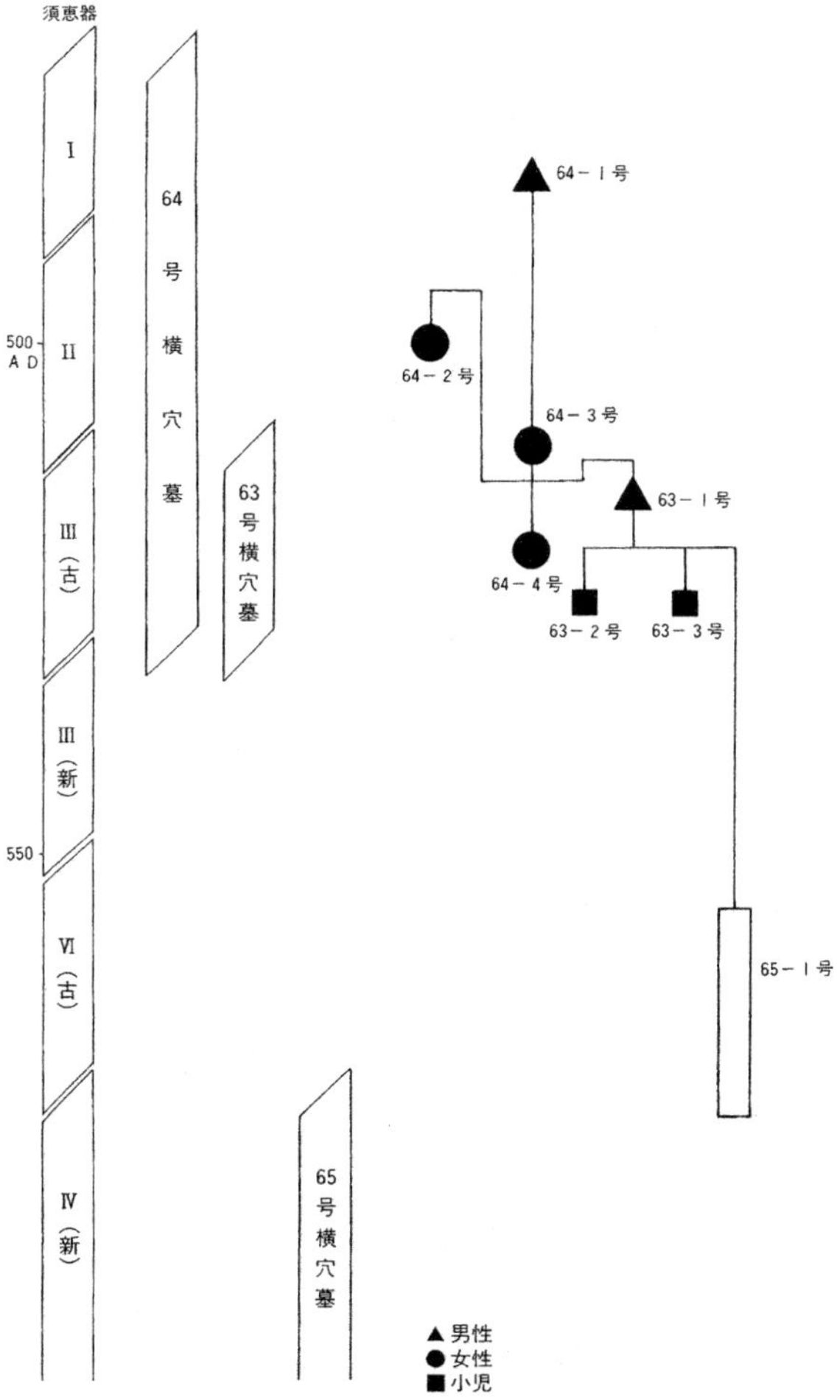

図29　上ノ原63～65号横穴墓被葬者の世代的連続
（田中良之「上ノ原横穴墓被葬者の親族関係」『上ノ原遺跡群II』大分県教育委員会，1991年より）

モデルではやや短く、五世代モデルが合致する。ただ、四世代モデルでも、6号人骨が老年に達していれば不都合ではなくなる（図30）。したがって、家長とその血縁者が葬られたとするモデルに基づいて世代の連続を考えていくと、横穴墓の使用時期幅と合致してくるのである。

墓道の重複や切合関係によって考古学的にくくられる横穴墓の小群においても同様である。図31は各横穴墓の時期幅を示し、人骨が遺存していたものは、家長の死亡時期について考えられる時期幅を黒く塗りつぶしてある。21号横穴墓は、時期幅の半ばに家長が示してあるが、これは三世代で構成される横穴墓であり、次の家長との連続を示すために第一世代の家長を省いてある。また、27号横穴墓は、二世代の家長が葬られた可能性が高く、前後に連続する横穴墓があるために、第一世代、第二世代とも示してある。そして、灰色で示したのは、各群で最初の横穴墓に葬られた家長が二〇代で子をなし、その子が上ノ原で最も多い死亡年齢である四〇代で死亡したと仮定して、その時期幅を示し、代を重ねたものである。ただ、27号横穴墓については、人骨が残っていて二世代にわたる家長の推定死亡年齢が判っていることから、30号横穴墓家長の年齢から求めたそれぞれの死亡推定年齢（熟年、成年）の時期幅を示している。そこで、各横穴墓をみると、灰色で示した時期幅が各横穴墓の築造年代とほぼ重なることがわかる。24号のように、きれいに重複しない

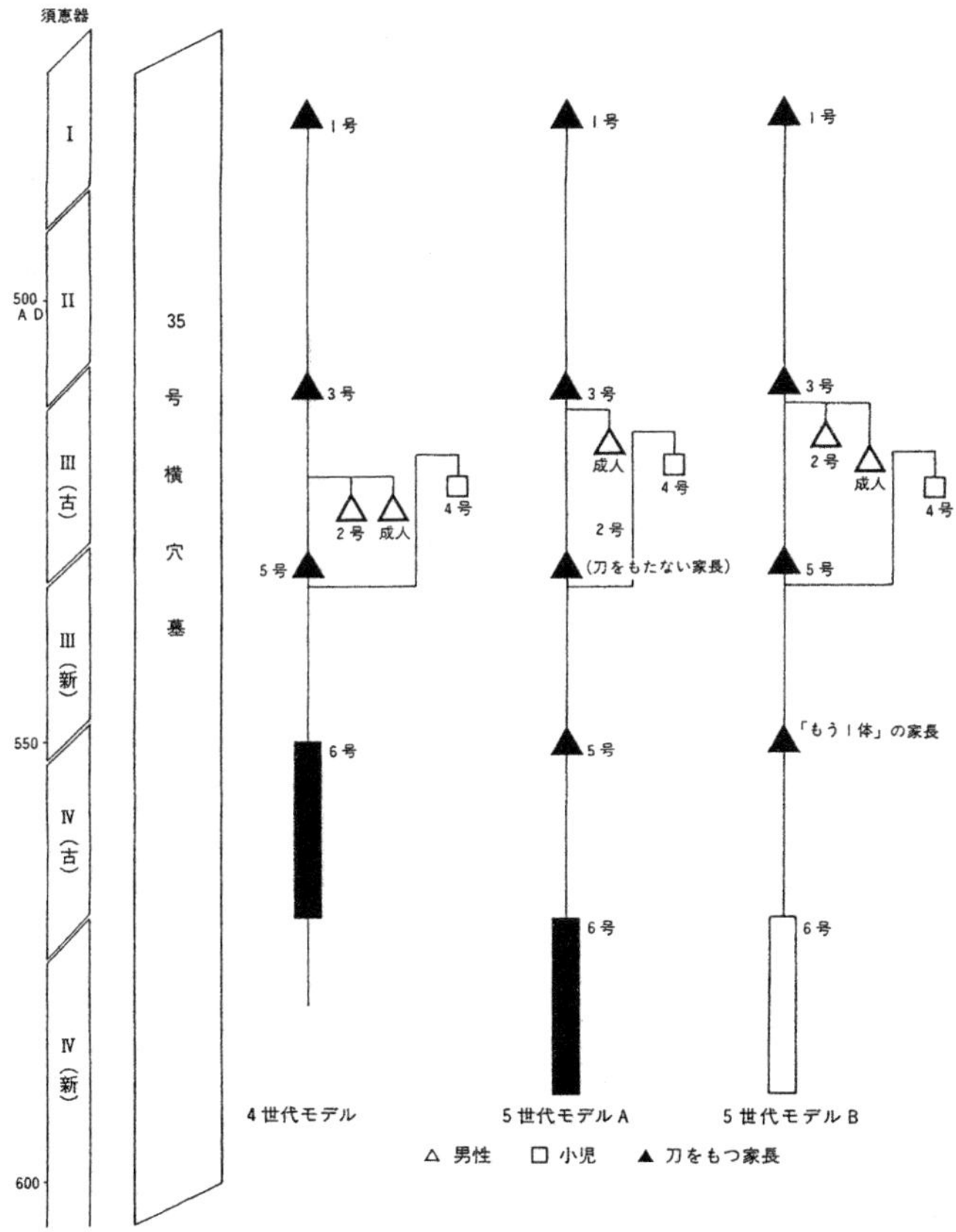

図30　上ノ原35号横穴墓被葬者の世代的連続
(田中良之「上ノ原横穴墓被葬者の親族関係」『上ノ原遺跡群II』大分県教育委員会，1991年より)

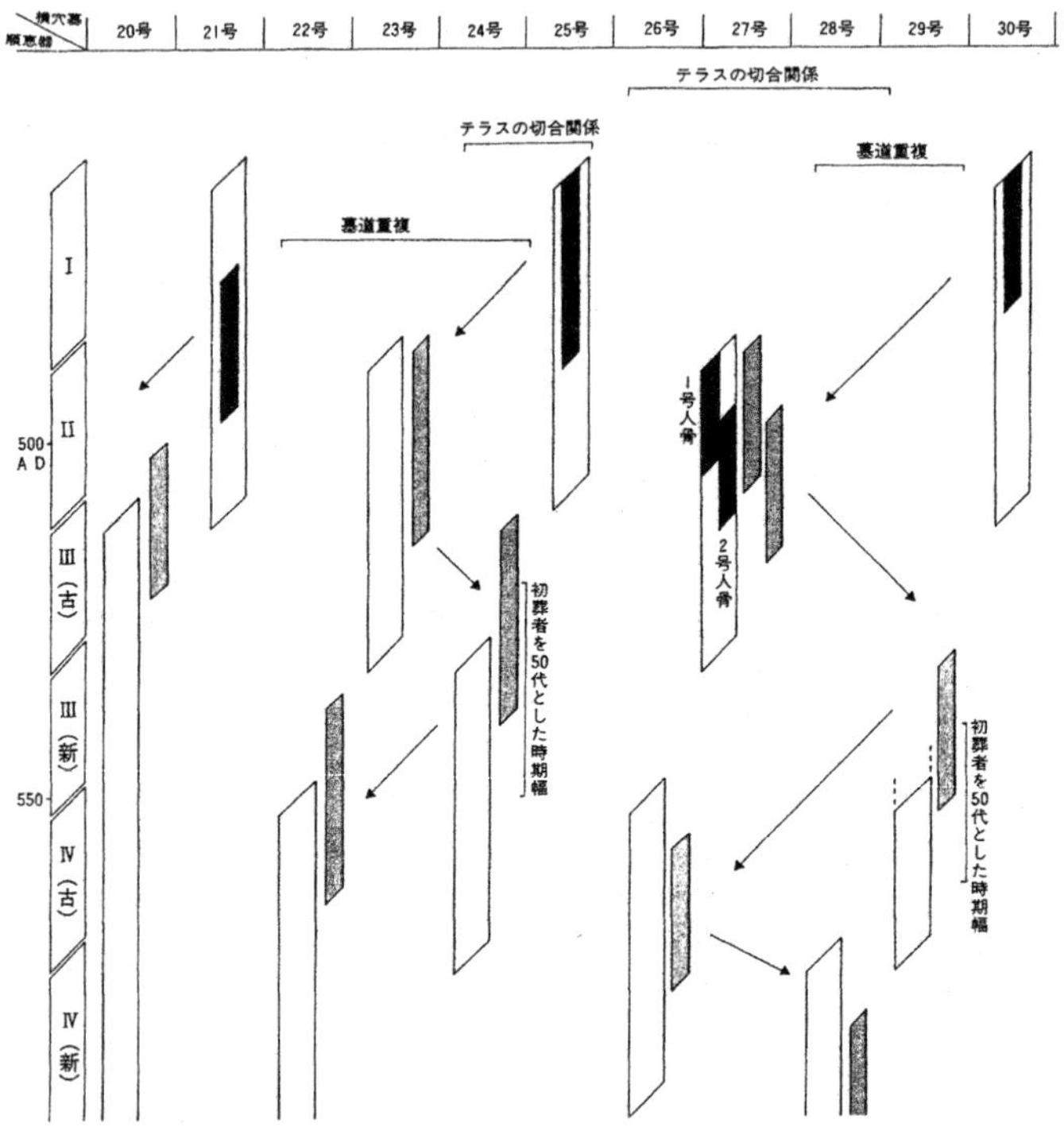

図31　隣接する横穴墓被葬者の世代的連続
(田中良之「上ノ原横穴墓被葬者の親族関係」『上ノ原遺跡群Ⅱ』大分県教育委員会，1991年より)

場合でも、初葬者の死亡年齢を四〇代ではなく三〇代や五〇代とするとうまく重なることになる。ただ、29号横穴墓については、初葬者の死亡年齢を五〇代としても若干の重なりをみせるのみである。しかし、この横穴墓は、削平《さくへい》がひどく初葬時の遺物がはっきりしないことと、少数ではあるが六世紀中葉まで上る須恵器《すえき》もあるので、もう少し時期が上る可能性がある。しかし、そうではなくとも、この横穴墓の家長がさらに長寿であったのかもしれない。というのも、同じ群にほぼ同じ築造時期の26号横穴墓が存在するが、29号横穴墓の家長が長寿であれば、その死亡時には26号の家長も相当の年齢に達していたことになり、両者の築造年代が近接していても不思議はないからである。

また、これらの横穴墓のうち、27号・30号の二つの横穴墓には人骨が遺存しており、双方の被葬者の歯冠計測値を用いた分析が可能であった。その結果は、27-2号と30-2号、27-2号と30-3号、27-3号と30-2号、27-3号と30-3号との間において血縁者と推定される値が得られた（表5）。これらは、上記の横穴墓の連続でいえば、27-2・3号からみて叔父・叔母、大叔父・大叔母にあたるものであり、先に示した63・64号横穴墓の事例と同様、隣接する横穴墓の連続が家系的連続の所産であることの一端を示している。そして、これら家系的連続を示す横穴墓の単位は約一〇㍍間隔で並んでいる。また、五世紀後半から六世紀後半までの埋葬を一基のみで行った、35号横穴墓の両脇には一定の空閑地が存在

表5　上ノ原21・27・30号横穴墓被葬者のQモード相関係数

歯種＼被葬者	21-1＊27-3	21-2＊27-3	21-3＊27-3
UP1P2M1LP1P2M1	0.551	0.557	−0.035
UCP1P2M1	0.369	0.487	0.093
UP1P2M1	0.323	0.48	0.101
LP1P2M1M2	0.648	0.568	−0.254
歯種＼被葬者	21-1＊30-2	21-2＊30-2	21-3＊30-2
UP1P2M1LP1P2M1	—	—	—
UCP1P2M1	0.539	0.633	−0.303
UP1P2M1	0.739	0.647	−0.347
LP1P2M1M2	—	—	—

する。これらの事実は横穴墓群築造開始の時点で、すでに家族集団ごとに墓域の割当てが行われていたことを示している。さらに、各小単位ごとに追える家系的連続が一系であることからみて、上ノ原横穴墓群の築造期間中、少なくともこの範囲においては造墓主体の分節化・独立（いわゆる「分家」）が行われなかったことをも示している。

上ノ原の基本モデル

以上から、上ノ原横穴墓群においては、隣接し、考古学的特徴でくくられる横穴墓群は、それぞれの家系の連続の結果とみなされる。そして、その原理は父系の血縁原理であり、二世代モデルを基調として、家長と家長の地位を継がなかった子供たち（男女、小児〜若年あり）が葬られるというものである。次世代の家長は、隣接して築造された新たな横穴墓に葬られるが、同一横穴墓に二代以上の家長が葬られる

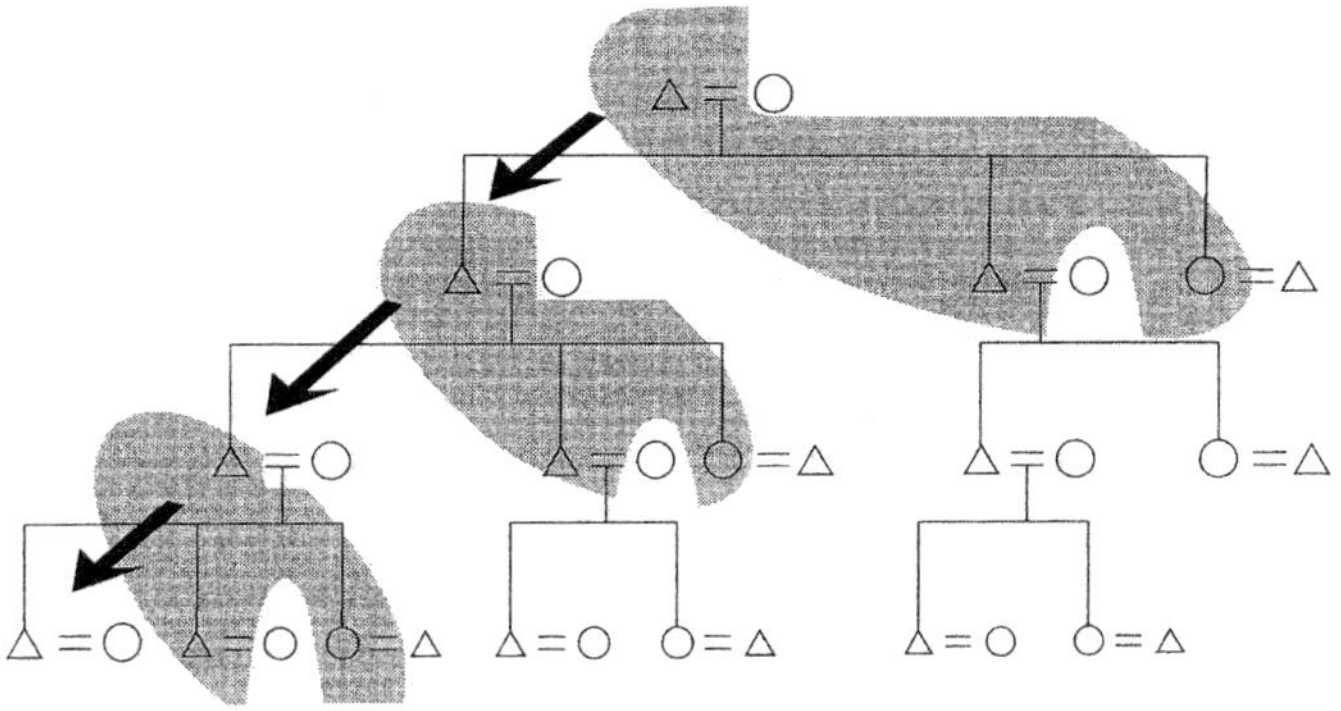

図32　基本モデルⅡ

こともある。したがって、このような埋葬の累代にわたる基本モデルを求めると図32のようになるだろう。私はこれを、上ノ原だけのモデルではないことから、「基本モデルⅡ」と呼んでいる。墓に葬られるのは家長とその子のみであり、各々の配偶者も葬られない。次世代の家長は新たな墓に葬られ、家長とならなかった子供たちがその父の墓に葬られるのである。また、上記のように造墓主体の分節化・独立が行われた形跡がないことから、実際に居住する家族集団の規模は、横穴墓に葬られる直系血族のみではなく、傍系親族をも含めたものであったと考えられる。たとえば、図32の第二世代家長を中心にみてみると、娘とその家族は他所へ嫁いだとして除外しても、彼の妻、二人の息子とその家族をあわせて一二人となる。これに傍系親族が加わるわけであるが、傍系親族が何世代存続し得たかという点が問題となってくる。これについては、追葬された第二世代の女性が出産していたらしいことから、少なくとも家長の子までは結婚が可能であったと考える。そうすると、家長の弟（あるいは兄）世帯が五人、先代家長の弟（あるいは兄）の子が三人とすると、二〇人という人数が得られる。もとより子供の人数は世帯によって異なり、傍系親族の結婚もその世帯の経済力により異なると思われることから、家族集団全体の人数をいちがいにはいい難いものの、それでもおおむね二〇～二十数人程の人数で構成されると考えて大過ないだろう。

また、このような集団の規模は、住居跡や集落の研究から導き出された数軒の住居からなる「世帯共同体」あるいは「小経営単位」（都出《つで》比呂志『日本農耕社会の成立過程』岩波書店、一九八九年）というイメージとも一致するものである。そして、墓からみる限り、傍系親族の世帯は家長世帯から独立した存在ではなく、その意味では家父長制的世帯共同体に相当するが、これについては後述する。このように、横穴墓に葬られた数体の被葬者は、二〇～二十数人の家族集団の中からそれぞれの配偶者と傍系親族を排除したかたちで選択された人々なのである。そして、その選択の基準は、父系の直系であることと家長との血縁の近さの二つであったと考えられる。

それに関していくつか注意すべき点がみられる。まず、21号横穴墓と64号横穴墓の第二世代が、男性ではなく、女性であるということである。

血のつながりと直系志向

この二つの横穴墓は、世代構成をみると、男性―女性―男性という関係になっており、双系であるかのようにもみえる。しかし、これらは三世代構成横穴墓の二世代目という点が共通しており、女性が初葬者であるというわけではない。この点を、上ノ原では女性の単体埋葬も例をみないことと考え合わせると、横穴墓築造の契機はやはり男性家長の死であったということになろう。そして、追葬者の配偶者はおろか家長の妻も埋葬されていないことは、実質的な血のつながりをとりわけ重視していたことを示すものである。さらに、上記の21号横穴墓における同世代の被葬者は女性であり、64号横穴墓でも同世代の被葬者が存在したとしても女性の4号人骨であることなどを考えると、これら二横穴墓における第二世代女性の性格は、女性家長というよりは、女子しか生まれずに婿養子を迎えながらも、埋葬にあたっては血縁性を重視してこれを排除し、先代家長の血縁者であるこれら女性のみが葬られたケースであると考えるべきだろう。母系への一時的逸脱である。

また、63号横穴墓と65号横穴墓の連続をみてみると、63号の家長が死亡した時、65号に葬られた家長はまだ〇歳に近い幼児であったと推定される。27号横穴墓と29号横穴墓の連続においても、27号の二代目の家長（2号人骨）が死亡したときには、29号の家長は一〇歳程度であったはずである。この事実は、このような場合でも、それぞれの家族集団は、おそらくは先代家長の兄弟がその経営を維持しながらも、彼らが家長の地位を継承するのではなく、次世代の家長が成人するのを待っていたことを示している。

このようなあり方は、父系の直系継承が浸透していたものとして評価することができる。しかし、家長の妻を葬らず、結婚し出産を経た娘が父の墓に葬られるなど、血縁性を重視する点で、典型的な父系社会とは異なっている。

上ノ原の集団と儀礼

家父長制家族か

さて、上ノ原横穴墓群を築造した人たちが家父長制的世帯共同体に相当するかどうかについてはまだ検討が必要である。というのも、家父長制家族は、経営単位として機能し、生産物や財の保有もしくは所有を行う単位であって、単なる父系家族とは意味が異なるからである。

上ノ原における家族集団は、単に父系直系の継承を行うだけではなく、直系親族の傍系親族に対する優越をも含むものであった。実際、横穴墓群は、隣接し時期的に連続する数基の横穴墓を単位として構成されており、五世紀後半の段階に割り当てられた幅一〇メートルほどの墓域を単位として約一〇〇年間営まれている。したがって、傍系親族は、分節化・独立を果たし得ない場合は、直系親族（家長世帯）に従属していく他はない。このような造墓規制は、家族集団のうち家長のみが「造墓権」を有することを意味し、造墓集団としての家族集団が経営における単位として機能していたことを示すと考えられる。

また、上ノ原横穴墓群には鉄斧や鋤先などの鉄製農工具も副葬されているが、これらは横穴墓の掘削《くっさく》にも用いられた実用品であり、威信財や希少価値のある宝飾品ではない。ということは、生存財を保有し、それを副葬というかたちで処分しているということでもある。つまり、上ノ原の家族は処分権をもっていたことになるのである。

上ノ原の集落

ただ、それを明瞭にするためには、墓のみでは不十分であり、集落などのあり方と相互に比較する必要があろう。そして、これについては、これまで主として弥生時代研究において「単位集団」（近藤義郎「共同体と単位集団」『考古学研究』6-1、一九五九年）として認識されてきた、遺跡における住居のまとまりが造墓単位に関連する可能性がある。とくに、都出《つで》比呂志は静岡県小深田遺跡（四世紀）や大阪府大園《おおぞの》遺跡（五世紀）のような溝で区画された住居数件と倉庫のセット、あるいは群馬県黒《くろ》井峯《いみね》遺跡（六世紀）のようにこれらのセットに菜園を備えた単位が、後世の「屋敷地」に相当するものであるとして、これを「小経営単位」として概念化した（都出前掲）。しかし、これら住居群の同時性やまとまりとしての妥当性についての疑念や、これらは近親の居住集団の結合ではあっても、固定的な親族集団とはみなせないという見解もある（明石

一紀『日本古代の親族構造』吉川弘文館、一九九〇年)。

上ノ原横穴墓群のすぐ近くで発見された佐知久保畑遺跡は山国川右岸に営まれた六世紀後半〜末の集落跡である。この遺跡では、溝で区切られた区画がいくつか検出されており、それぞれの区画内には三〜五軒の竪穴住居と高床《たかゆか》の倉庫および空閑地が認められた(植田由美「佐知久保畑遺跡の構造と階層」『「先史学」研究会第1会研究集会資料集』「先史学」研究会、一九九四年)。このような空閑地は、群馬県黒井峯遺跡(子持村教育委員会『黒井峯遺跡発掘調査報告書』子持村教育委員会、一九九二年)の例からみて菜園などに相当すると考えられる。そうすると、住居+倉庫+菜園という後世の「屋敷地」に相当するセットが、相互に溝によって区切られて一つの単位をなしていたことになる。そして、それぞれが倉庫を伴うことから、生産物を管理・保有する経営の単位として機能していたといえよう。しかし、やはり問題となるのは、これら住居群に居住した住人たちの結合の原理とその結合が固定的であったかどうか(明石一紀「書評『日本農耕社会の成立過程』」『歴史学研究』615、一九九一年)である。

じつは、この佐知久保畑遺跡は上ノ原横穴墓群の直下に位置する。すなわち、山国川右岸の自然堤防状に営まれ、上ノ原横穴墓群被葬者の集落の一つであったと考えられた五世紀後半の佐知遺跡に連続する遺跡であり、位置的にはより上ノ原に近い。したがって、上ノ原横穴墓群の時期幅のうち後半期の集落であった可能性はきわめて高い。そして、横穴墓の分析から得られる造墓集団としての家族集団の規模と、溝で区画された中の三～五軒という住居数は対応すると考えていいだろう。しかも、この遺跡では区画内の住居が竪穴住居だけのものと、掘立柱の住居を含むものがあり、一等広い区画内に竪穴住居や倉庫に加えて、さらに柵列で囲った掘立柱建物をもつものも認められた。これを階層差と考えれば、副葬品から村上らが想定した造墓集団間の格差（村上久和・吉留秀敏・田中良之「上ノ原横穴墓群被葬者の集団関係」『上ノ原横穴墓群Ⅱ』大分県教育委員会、一九九三年）と対応するものである。区画内における住居ごとの格差も、造墓集団内部の直系親族と傍系親族の間の格差に相当すると考えられよう。

このように、佐知の自然堤防上において営まれた集落の後半期において明らかにされた住居＋倉庫＋菜園という単位は、倉庫を伴うことからみても経営の単位である可能性が高い。そして、その経営単位は対応する墓からみて一〇〇年ほどの期間安定的かつ固定的といってよく、既述の父系・直系的継承に基づく家族集団の結合原理が集落においても継続されたことを物語っているのである。

須恵器工人の墓地でも

次に福岡県宗像《むなかた》市須恵《すえ》須賀浦遺跡の例をあげよう。この遺跡は、六世紀後半代に須恵器生産の場として、一定の間隔をおいて十数群の窯を築造し、窯廃棄直後に窯群間の空閑地に約一〇〇年間にわたって横穴墓群を築造したものである。そして、横穴墓のみを取り上げると、上ノ原横穴墓群のように数メートル間隔で時期的に連続する横穴墓が小群をなし、しかも窯の小群と対応していることから、須恵器工人の墓であり、かつ窯の操業単位が上ノ原のような基本モデルⅡや後述の基本モデルⅢのような家族集団と考えられている（原俊一「福岡県宗像市須恵須賀浦遺跡の調査」『日本考古学協会一九九〇年度大会発表資料集』日本考古学協会一九九〇年度大会実行委員会、一九九〇年）。したがって、須恵須賀浦遺跡の造墓単位である家族集団が須恵器生産を含めた経営の単位として機能していた可能性は高いといえよう（田中前掲、一九九五年、岡田裕之・原俊一「古墳時代の須恵器製作者集団」『日本考古学』17、二〇〇四年）。

以上からみて、上ノ原横穴墓群における造墓単位は、屋敷地ともいうべき住居群＋倉庫＋菜園というセットを経営と生活の単位としたといえる。そして、当然のことながら、経営は男性家長を中心に行われたことだろう。

これが上ノ原の横穴墓群が示す農民や工人などの被支配層の姿であり、支配層の基礎をなす階層のあり方である。いうまでもなく、その家族は家父長制家族の内容を備えたもの

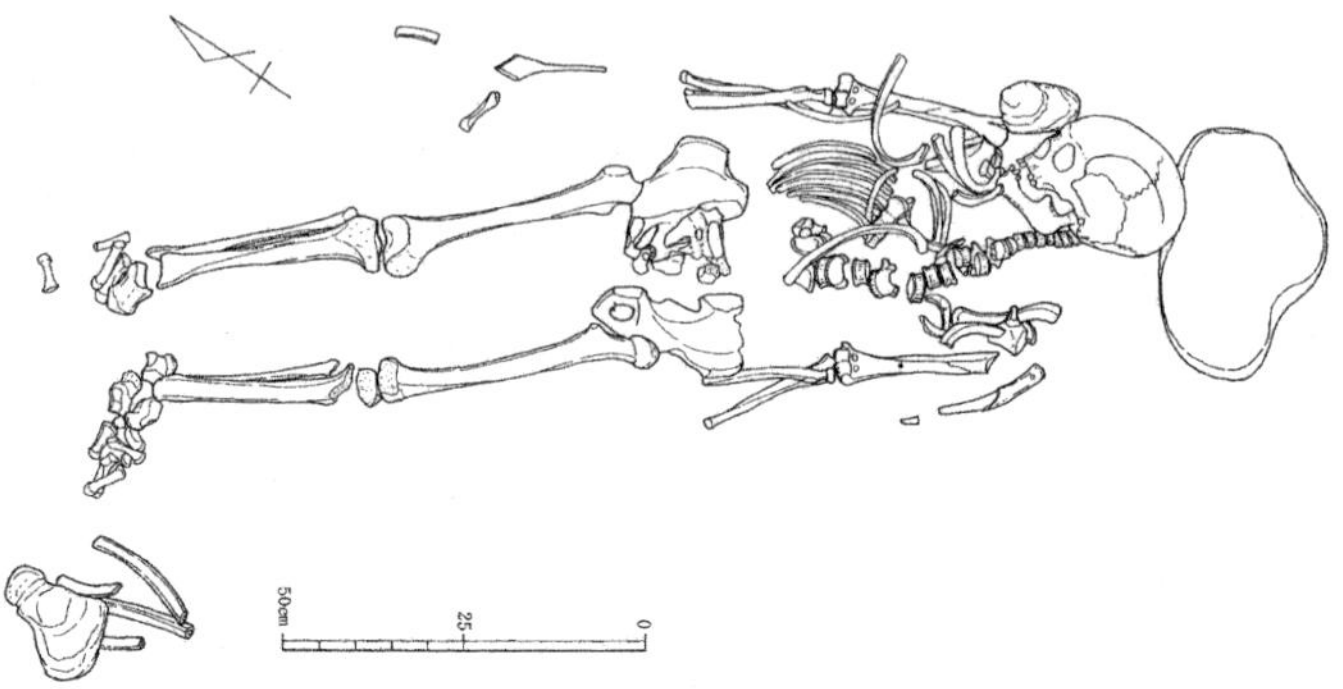

図33　上ノ原48号横穴墓人骨出土状態
（大分県教育委員会『上ノ原遺跡群Ⅱ』1991年より）

であり、かつ農業共同体と呼ばれる段階に相当するのである。

上ノ原の儀礼

さて、親族関係を離れて、次の事例を見ていただきたい。図33に示したのは、大分県上ノ原48号横穴墓の人骨の出土状態であるが、この人骨は単体埋葬でありながら、胸部の骨が大きく乱れていた。そして、頭の右横と左足元にヒョウタンのような植物が供えられていた。この横穴墓では、閉塞部（入り口部分）の土層所見から、埋葬後にもう一度開口していることが知られており、閉塞部を開けるときには当然複数の埋葬を予想していたものである。ということは、人骨が乱されたのは、再び閉塞部を開けたときである可能性が高くなってくる。

人骨の右膝の部分をみると、膝の皿の骨（膝蓋《しつがい》骨《こつ》）がないことに気付く（図34）。そして、右膝蓋骨は足元のヒョウタン状植物の下から見つかった（図35）。つまり、遺体が骨になってから再び墓室内に入って膝蓋骨をつまんで足元に置き、その上にヒョウタン状植物を供えたというわけである。また、頭の右横に何かを供えようとすると、天井が低いためどこかに手をつく必要があり、左胸部はそれには格好の場所である。つまり、左胸部の骨の乱れは、頭の横にヒョウタン状植物を供える際に、たまたま手をつくために骨を払ったということ

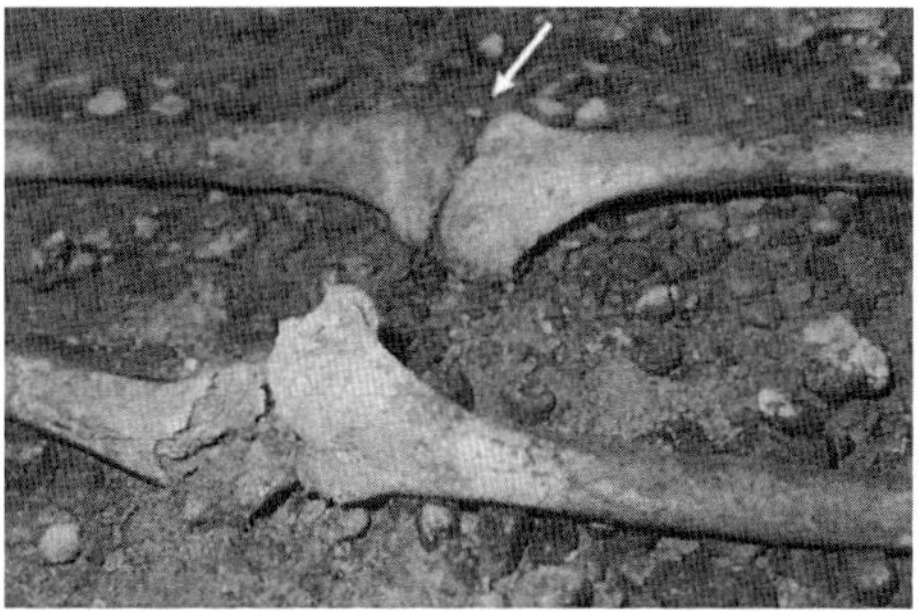

図34　上ノ原48号横穴墓人骨下肢

図35　右膝蓋骨出土状態

で説明がつくのである。

このように、上ノ原48号横穴墓では、埋葬後遺体が骨になってしまった頃にもう一度閉塞部を開け、遺体の一部を動かしてヒョウタン状植物を供えているのである。この事例の時期は五世紀後半であるが、この時期から墓室内に土器を副葬することが知られており（白石太一郎「ことどわたし考」『橿原考古学研究所論集創立三五周年記念』吉川弘文館、一九七五年、土生田純之「古墳出土の須恵器（一）」『末永先生米寿記念献呈論文集』吉川弘文館、一九八五年）、ヒョウタン状植物も飲食物の供献という意味では土器と同じと考えれば、そう特殊な事例とはいえない。なによりも、初期の土器副葬事例では、頭と足の部分に置かれた例が多く、ヒョウタン状植物と同じである。そして、上ノ原横穴墓群には再開口して土器を供献したり、遺体を動かしたと思われる事例が他にもあり、他の古墳でも事例が増えつつあるが、人骨で意図的に動かされるのは原則として脚部である。

墓室内の飲食物供献はその後一般化する。人骨の意図的な移動については、好条件に恵まれなければその有無はなかなか確認できないが、上ノ原でも50号横穴墓に同様な所見が得られており、近隣の中津市幣旗邸《へいはたてい》1号墳（田中良之・村上久和「墓室内飲食物供献と死の認定」『九州文化史研究所紀要』39、一九九四年）や、群馬県赤堀町多田山3号墳（田中良之・石川健「多田山古墳群出土人骨」『多田山古墳群本文編』群馬県埋蔵文化財調査事業団、二〇〇四年）など、関東地方まで散見される。さらに、六世紀後半～七世紀に集骨・改葬が増加することを考えれば、このような人骨の「関節外し」はこの時期から連続すると思われる。では、このような行為は何のために行うのだろうか。

ヨモツヘグイとコトドワタシ

『古事記』『日本書紀』には、有名な伊邪那岐命《いざなぎ》・伊邪那美命《いざなみ》の黄泉《よみ》の国神話が記載されている。これは、死者となった妻の伊邪那美命を伊邪那岐命が黄泉の国に訪ねたところ、黄泉の国で飲食（黄泉戸喫《よもつへぐい》）したことから現世には帰れないという伊邪那美命を説得し、現世へと帰る途中で伊邪那岐命が振り向いてしまう。これに怒った伊邪那美命が追いかけ、最後には現世と黄泉の国の通路を大石でふさいで、伊邪那岐命は難を逃れるというものである。

小林行雄や白石太一郎の研究によって、古墳の墓室に飲食物を供えるという儀礼は、この神話における黄泉戸喫にあたるという説が有力である（小林行雄「黄泉戸喫」『考古学集刊』2、一九四九年、白石前掲）。したがって、飲食物の供献は、被葬者を死者として認定する儀礼として位置付けることができるだろう。そうすると、遺体の脚部をいじるのは、死者が現世へと追いかけてこないために脚力を失わせる、いわば「死霊再生阻止」の儀礼ではないかと考えられるのである。

そうすると、その「死の認定」が死後数年を経過して行われることがあったということになろう。そして、この再生阻止儀礼と、埋葬後に相当の時間が経過した後に墳丘などにおいて行われる追善の儀礼は、五世紀後半以降に顕著になる。つまり、これらは親族関係の父系直系化と連動したものと考えられるのである。すなわち、再生阻止の儀礼を行うまでは先代家長の霊は「生きて」おり、死後しばらくは新家長を「支援」する。そして、その間とその後の諸儀礼を新家長が主祭することによって、新家長の家族成員に対する権威を再確認し強化するという効果をもたらしたと考えられるのである。さらにはこのような儀礼が家族単位で行われた点が重要である。というのも、この儀礼は、家族が親族集団から自立し、父系直系の家長継承が円滑に行われるためのイデオロギー装置でもあったと考えられるからである。

親族の強調と解体

さて、五世紀後半に上ノ原に横穴墓が築造され始めた段階で、家族ごとに墓域が割り当てられていた。上ノ原の段丘斜面に横穴墓を造墓した集団は、上ノ原の台地上に前代から墓地を営んだ集団とは異なる新興集団であり（村上久和「横穴墓の時期と形態変遷」『上ノ原横穴墓群Ⅱ』大分県教育委員会、一九九一年）、直下に流れる山国川の自然堤防上に存在するいくつかの集落の住民が埋葬されたと考えられている（坂本嘉弘「上ノ原台地周辺の集落・耕地・墓地の変遷」『上ノ原横穴墓群Ⅱ』大分県教育委員会、一九九一年、植田前掲）。そして、分析事例は少ないものの、図36のように21

号横穴墓と27・30号横穴墓といった初期の横穴墓被葬者同士に血縁関係が推定されており、上ノ原横穴墓群では、築造当初の家長たちがキョウダイかイトコ程度の血縁関係にあったものもあったことが知られるのである。したがって、上ノ原に墓域を割り当てられた各家族は、一家族がいくつかに分節したものを含むとともに、家族が完全に独立して他の家族と任意に群集するのではなく、親族集団を基礎として群を形成した可能性が高い。

そのような関係を基礎として、六世紀後半になると「破砕散布」儀礼が行われるようになる。これは追善供養《ついぜんくよう》の一つで、須恵器の大甕《おおがめ》を破砕し、その破片を横穴墓の墓道に散布するという儀礼である。そして、図37に示された土器の接合関係によって、この儀礼が複数の横穴墓に対して行われたことが明らかになっているのである（村上久和・吉留秀敏「上ノ原横穴墓群における葬送儀礼の諸相」『上ノ原横穴墓群Ⅱ』大分県教育委員会、一九九一年）。そして、土器の接合関係は、横穴墓群全体を覆うのではなく、隣接する四〜八家族に相当する小群をこえない範囲において認められる。破砕散布儀礼の意味については、六世紀後半に関係を再確認する必要が生じたという見解が出されているが（村上他前掲）、その「関係」とは上にみたように、家族をこえながらも、かつては近親者であった関係、すなわち親族関係に他ならないだろう。では、家族単位の儀礼が定着した中にあって、なぜこの時期に親族関係を強調する儀礼が登場したのだろうか。

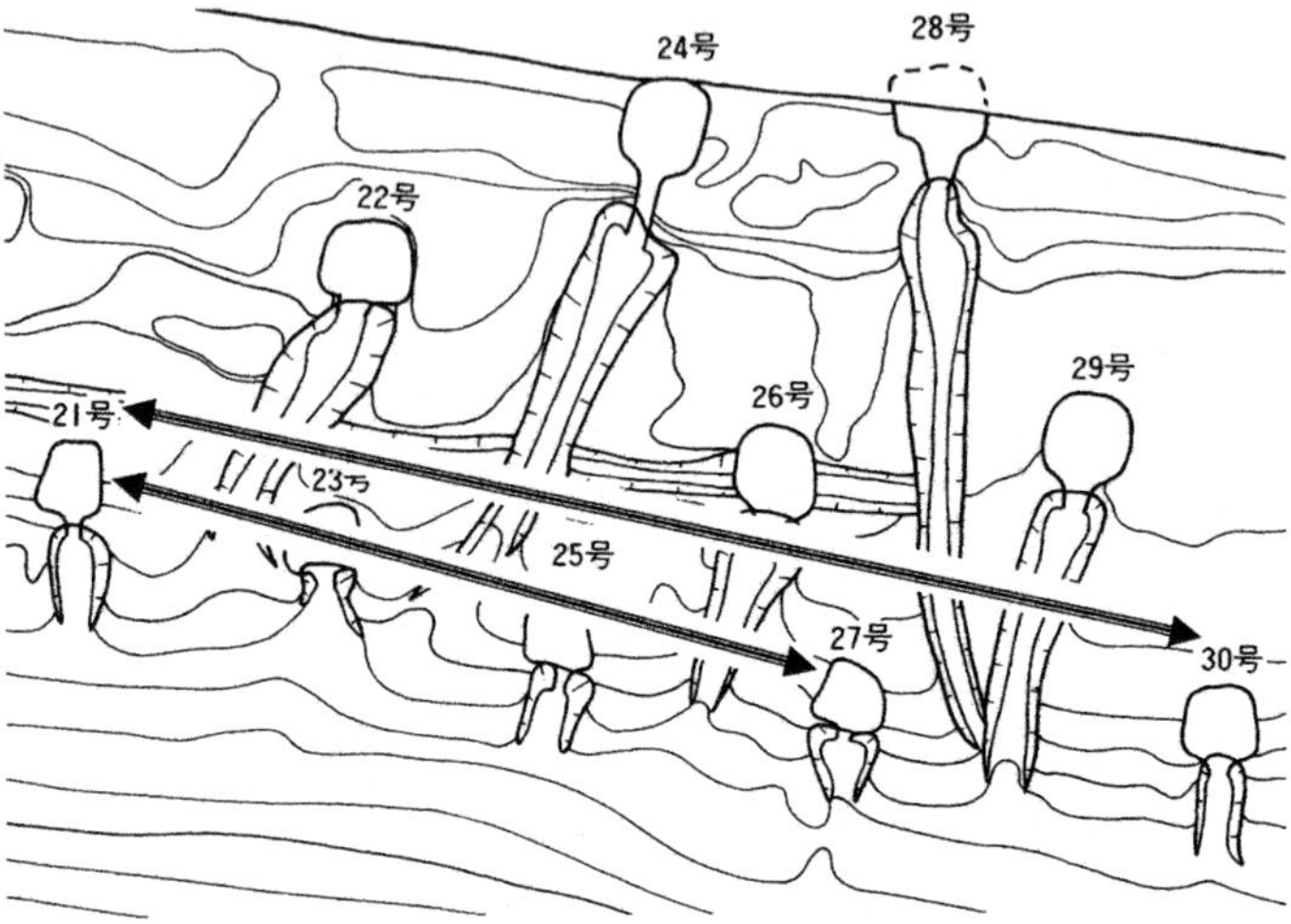

図36　上ノ原21・27・30号横穴墓間の親族関係

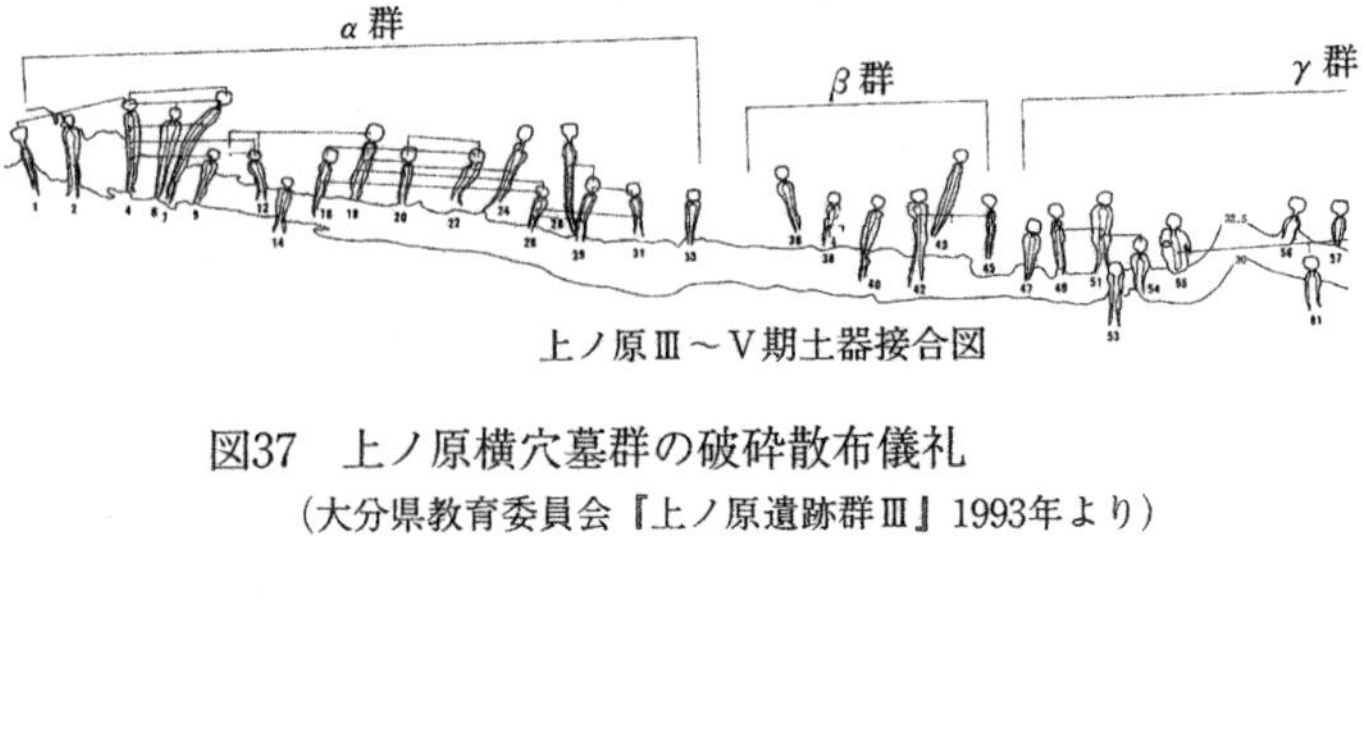

図37　上ノ原横穴墓群の破砕散布儀礼
（大分県教育委員会『上ノ原遺跡群Ⅲ』1993年より）

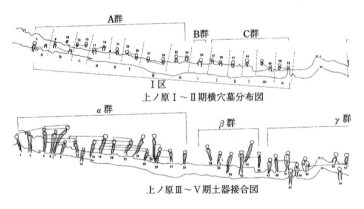

私はこれを部民制の進行と関連したものと考えた（田中良之「国家形成下の倭人たち」『東アジア古代国家論』すいれん舎、二〇〇六年）。というのも、首長層にあっては擬制を含みつつも自らの親族集団における上位層を氏として再編成し、大王家や有力氏族と系譜的に関係付けることによって政治的立場を確立していくのに対して、被支配層は伴造や国造が支配する部民として氏の組織の末端に編成されていく。そして、その編成は、従来の氏族の族長のもとにではなく、本来の親族集団から切り離されるかたちで任意に編成されたと考えられるからである。

上ノ原横穴墓群が位置する豊前地域は、大宝二年の戸籍が残存しているが、そのうちの一つは豊前国上三毛《かみつみけ》郡塔里戸籍であり、塔里とは上ノ原横穴墓群とは山国川を挟んだ対岸のその場所にあたる。そして、豊前の戸籍では「秦部」や「～勝」といった渡来系の氏姓をもつ者が多いことが知られており、とくに塔里戸籍では残存した一二九名のうち一二四名が「秦部」や「～勝」なのである。そして、上ノ原横穴墓群では七世紀以降にも追葬が認められ、八世紀後半～九世紀前半にも造墓が行われていること、この地域に外部からの大規模な移住者があった形跡がないことから、上ノ原横穴墓群被葬者は八世紀初頭においては「秦部」や「～勝」を称していた可能性が大きい。

しかし、上ノ原横穴墓群被葬者の形質は、小倉～行橋などの北豊前から南九州へと形質が連続的に変化していく中で、北豊前と豊後の中間もしくは豊後よりであるという（土肥直美「上ノ原横穴墓群出土の古墳時代人骨について」『上ノ原横穴墓群Ⅱ』大分県教育委員会、一九九一年）。すなわち、北豊前では高顔・高眼窩《がんか》であり、南下するにつれ顔が低くなるとともに眼窩も低くなり、幅は逆に広くなるという地理勾配の中に位置づけられる（図38）。したがって、上ノ原横穴墓群被葬者は、朝鮮半島から渡来した集団ではなく、在来の住人であるといえ、八世紀へと至る過程でこの在来の住人を「秦部」や「〜勝」として編成したことがうかがえるのである。

そして、この地域における八世紀の氏姓はほとんどが「秦部」であることを考えると、本来この地域に存在したいくつもの氏族がほぼ一つの集団として再編成されたことになる。在地の小首長たちが秦氏へと擬制的に編入されたにせよ、畿内から新たに秦氏の一族がやってきたにせよ、被支配層にとっては自らのアイデンティティを喪失することに他ならない。したがって、喪失しつつある実質的血縁集団としてのアイデンティティを再確認し強調するために破砕散布儀礼を行ったと考えられるのである。

上ノ原だけではない

このように、上ノ原横穴墓群の調査研究は、調査にあたった村上久和らの先鋭的問題意識によって、通常の古墳研究の内容はもちろんのこと、被葬者の親族関係、家族の復元、継承システムの解明、儀礼の復元と変質の解

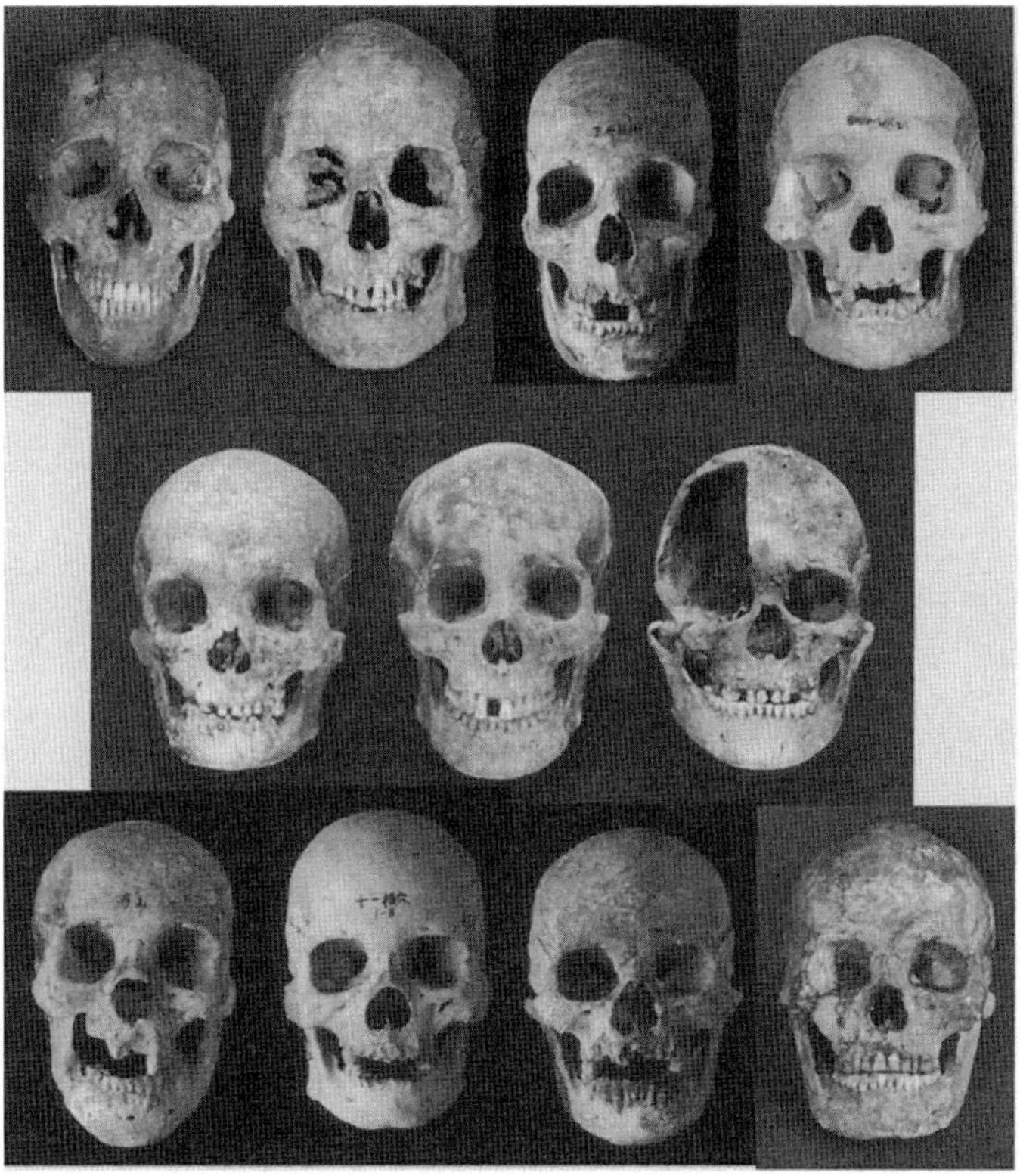

図38　豊前〜豊後の古墳人
上段：北部九州（筑前・北豊前）の古墳人
中段：上ノ原横穴墓群被葬者
下段：豊後地方の古墳人

明など、後半期古墳時代の農民層の実態を明らかにしたのである。なかでも、五世紀後半には、農民層においても父系・直系的家族が出現しており、また、儀礼においても家族単位の儀礼が行われて家長権の確認儀礼として機能している。そして、集落においては家族ごとに菜園と倉庫をそなえた屋敷地を有する経営単位をなしていたことが明らかとなった意義は大きい。つまり、家族が経営単位であり、造墓単位でもあったわけである。

このような家族は、いわゆる家父長制家族もしくは家父長制的世帯共同体の要件を備えたものであり、共同体という語を用いれば、農業共同体の段階に入ったことを意味する。つまり、原始共同体あるいは氏族共同体の解体過程における重要な画期の姿を上ノ原が伝えてくれたのである。そして、もちろんこの変化は上ノ原だけではない。同じ大分県の日田市岩塚古墳では、五世紀後半の箱式石棺に三体が葬られており、父と男女の子という構成であった（田中良之「岩塚古墳出土人骨について」『九州横断自動車道関係埋蔵文化財調査概報―日田～玖珠間―1』大分県教育委員会、一九九一年）。つまり、上ノ原とまったく同じ原理で埋葬が行われていたのである。また、同様な例としては、島根県仁多《にた》町上分中山横穴墓（田中前掲、一九九五年）、東京都三鷹《みたか》市出山《でやま》横穴墓群（沼上省一「歯冠計測の結果」『出山横穴墓群8号墓Ⅱ』三鷹市教育委員会・三鷹市遺跡調査会、一九九七年）でも確認されている。上分中山横穴墓は六世紀後半、出山横穴墓群は七世紀代と時期が下るが、古墳時代の後半期に変化が生じていたことを知ることができよう。

後期古墳の被葬者

夫婦同墓

六世紀前半〜中葉に築造が始まる山口市朝田墳墓群では、上ノ原に代表される基本モデルⅡとはやや異なる被葬者構成であった。二世代構成を基本としながらも、基本モデルⅡとは異なり第一世代が男女で構成され、この男女は血縁関係にないと推定されるためである。したがって、第一世代の女性は家長の妻で、おそらくは次世代家長の母と考えられ、はじめて夫婦が同じ墓に葬られるようになる。しかし、第二世代は基本モデルⅡのままであり、それぞれの配偶者は同墓とはならない（田中良之「朝田墳墓群被葬者の親族関係」『九州文化史研究所紀要』35、一九九〇年）。

朝田墳墓群は、上ノ原横穴墓群と同じく横穴墓群であるが、隣接していたり同じ墳丘をもつ横穴墓が世代的に連続することから、家長墓の連続として捉えることができる。つま

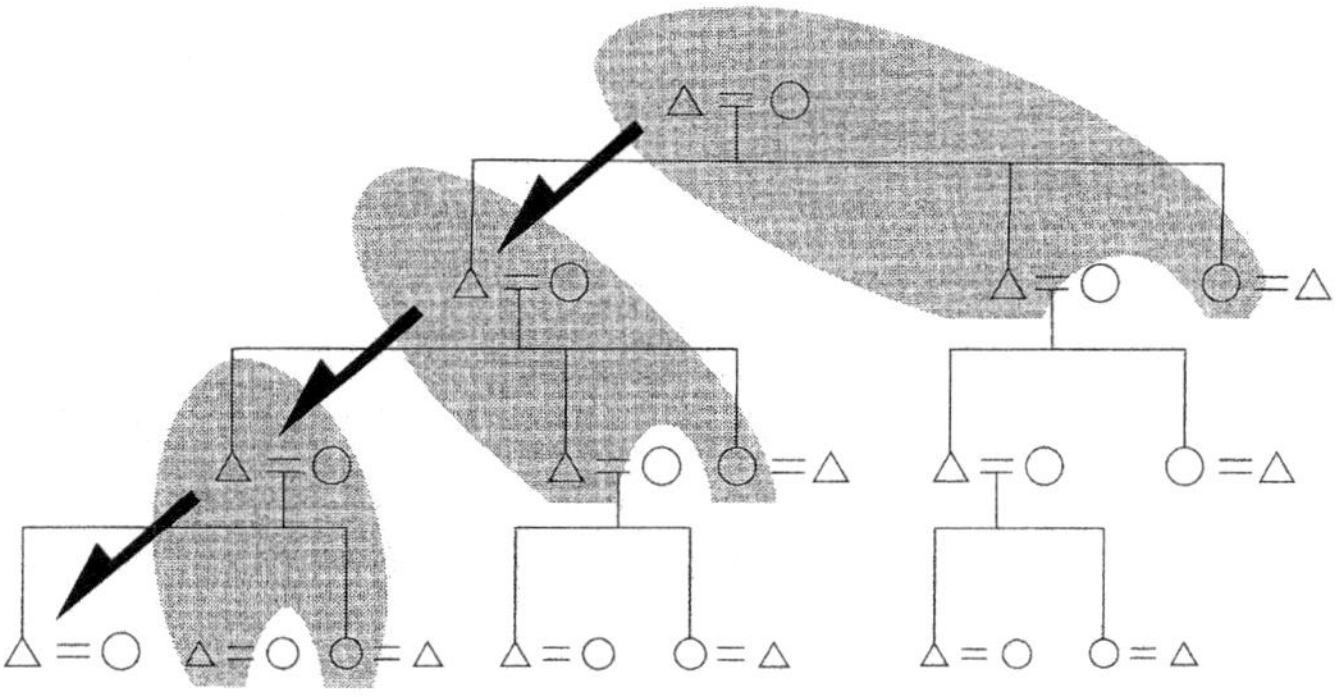

図39　基本モデルⅢ

り、上ノ原と同様な家族の墓に家長の妻、おそらくは次世代家長の母が葬られるようになったものなのである。同様な事例は島根県安来《やすぎ》市高広横穴墓（田中前掲、一九九五年）、岐阜県大垣市花岡山古墳群（田中良之「二石室多数埋葬の被葬者」『九州文化史研究所紀要』37、一九九二年）にも事例があることから、私はこれを基本モデルⅢと呼んで、古墳時代後期の親族関係としてきた（図39）。ところが、地域によっては異なるケースも現れてきた。そこで、その一例を以下に紹介しよう。

岩屋古墳の被葬者

島根県八束《やつか》郡玉湯《たまゆ》町所在の岩屋《いわや》遺跡からは六世紀代の古墳が数基調査されているが、ここでは5号墳1号石棺の三体を取り上げることにしたい。この1号石棺は、長辺に各三個の縄掛突起を施したもので、人骨は三体が出土している（図40）。

1号人骨は三〇歳前後からそれ以降と推定される女性で、石棺の北に位置する。頭骨と上半身は石棺の中央やや北寄りに位置するが、左右の肩関節および股関節が近接しており、下肢は石棺の北側側壁に押しやられた状態である。

2号人骨は、歯牙咬耗《こうもう》が1号人骨よりも進行した三〇代から四〇歳前後程度の男性で、

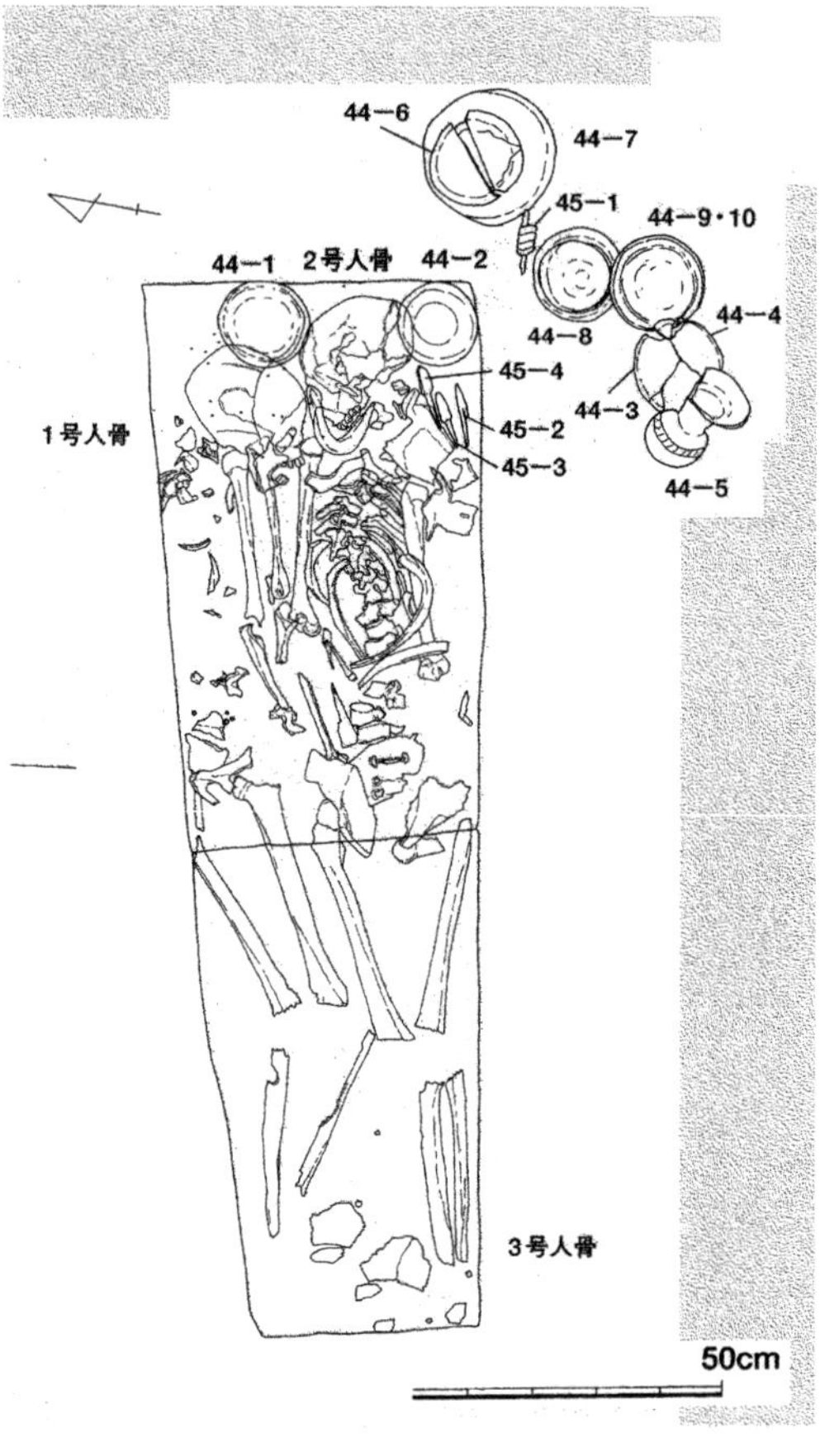

図40　岩屋5号墳1号石棺
(島根県教育委員会『岩屋遺跡・平床Ⅱ遺跡』2001年より)

石棺の南側に位置し、下肢骨は側壁に接するようにして葬られている。右股関節は関節状態であり、左は破損しているものの同様であったと考えられる位置関係である。左右寛骨と仙骨・腰椎の位置関係も乱れはない。ところが、上半身はうつ伏せの状態である。この状態をみると、他の被葬者の追葬時やその他の機会に上半身のみが反転させられたと考える方が自然なようにも思える。そして、頭骨から腰椎までの脊椎骨は乱れなくつながっており、胸椎と肋骨、右肩関節も関節状態であることから、埋葬後に上半身が反転させられたとすれば、軟部組織がかなり残っている状態で行われたことになろう。ところが、左肩甲骨は右肩甲骨近くにあり、左上腕骨から大きく離れている。しかも、頭骨は真下ではなく、右斜め下に向けた状態で、胸椎から腰椎も次第にねじれたような状態である。このような状態からみて、埋葬時に石棺内が狭隘であるために、上半身を右側臥《うそくが》かそれ以上の状態に大きくねじって埋葬し、その後軟部組織の腐朽につれて上半身は伏臥《ふが》に近い状態で倒れ込み、左肩甲骨は右肩甲骨近くに転落した可能性がむしろ高い。

3号人骨は六歳前後の幼〜小児である。頭骨は石棺の西小口付近にあり、歯牙も付近から検出されている。ところが、四肢骨は1号人骨付近で検出されており、明らかに移動された状態である。頭骨と歯牙がまとまっているわりには、体部骨が周辺にまったくないことからみると、本来は1号人骨の側に葬られていたものが、その後足元の西小口に頭を移動したものと考えられる。

以上から、5号墳1号石室の三体の被葬者は、1号人骨が初葬であり、次に3号人骨が葬られた。そして、最後に1号人骨を北側に少し押しやり、3号人骨の頭骨を西側の小口（足元）へと片づけて、それによって出来た狭隘なスペースに不自然かつ窮屈な姿勢で2号人骨が埋葬されたと考えられる。また、これらの埋葬間隔は、1号人骨を2号人骨埋葬時に片づけたとすると、1号の骨盤などの関節が外れていることになるため、おおよそ一〇年以上の間隔を見込む必要があるだろう。しかし、そうであっても三〇歳前後（1号人骨）と三〇代〜四〇歳程度（2号人骨）という推定年齢からみると、生前の世代構成はほぼ同年齢に近い同世代であったと考えられる。3号人骨は六歳前後であるため、この二体の子供に相当する世代として大過なかろう。

三体の親族関係

歯冠計測値に基づくQモード相関係数は$I^1CP^1P^2M^1M^2I_1I_2CP_1P_2$（上顎の切歯、犬歯、第1・2小臼歯、第1・2大臼歯、下顎の切歯、側切歯、犬歯、第1・2小臼歯）の組み合わせで〇・六三五という高得点であり、この男女が血縁者であった可能性を強く示している。したがって、この二体は同世代の近い血縁者、すなわちキョウダイであった可能性が最も高く、3号人骨（幼児）はいずれかの子ということになろう（田中良之「岩屋古墳群出土人骨の親族関係」『岩屋遺跡・平床Ⅱ遺跡』島根県教育委員会、二〇〇一年)。

すでにみてきたように、このような被葬者の構成原理は、古墳時代前半期のものであり、双系的親族関係を基礎とするものである。岩屋5号墳は六世紀中葉～後半に属するにもかかわらず、キョウダイ原理によるものであり、これまでの事例で最も後出する。もちろん、変化における階層差を考慮する必要があるものの、出雲でも六世紀後半の上分中山1号墳では父系血縁者のみの埋葬が行われており、高広I-3号横穴墓では家長夫妻とその子という構成の可能性が高いという分析結果が得られている(田中前掲、一九九五年)。したがって、この事実は、首長層の変化過程は正確にはわからないものの、それ以下の階層において出雲における父系的家族編成への変化が他地域に比べて後出することを物語るものである。

5号墳の集団

ところで、5号墳には三基の石棺に五体の人骨が埋葬されていた。これら三石棺は、調査所見によると棺身の設置は同時であり、1号石棺→2号石棺→3号石棺の順に埋葬が行われたという(島根県教育委員会『岩屋遺跡・平床II遺跡』島根県教育委員会、二〇〇一年)。もちろん、1・3号石棺は追葬が行われていることから、この順序は追葬終了の順序ということになる。ただ、1号石棺は初葬から一〇年ほど経過してから追葬が行われていることからみると、三基の石棺の埋葬が終了するには、少なくとも十数年を要したと考えられる。しかし、それ以上の長期に及ばないことは、三基の石棺内に供された須恵器の年代観がいずれも出雲四期（TK209前半期）に収まることが示している。

そこで、これら六体の生前の年齢を1号石棺1号人骨死亡時に逆算してみると、1号石棺1号人骨（三〇代）、3号人骨（幼児）、2号人骨（三〇前後）、2号石棺人骨（二〇前後）、3号石棺1号人骨（幼児）、2号人骨（一〇代～二〇代）ということになる。このように、復元された各被葬者の年齢差は、幼児となる二体を除いて世代差まで広がらないのである。したがって、三基の石棺は世代差に基づいて築造されたものではないと理解されよう。

そして、1号墳の主体部が土壙墓、2号墳は割石の横穴式石室、4号墳が切石造りの横穴式石室であることからみて、この古墳群が全体としては東から西へと築造された傾向が看取される。その傾向からすると、5・6号墳もその傾向の中で理解されるべきであろう。したがって、これらの墳丘墳は世代ごとに一基が築造された割合になる。そうすると、5号墳の三基はどのような集団を反映しているのだろうか。

まず、想起されるのが、次世代となる二体（1号石棺3号人骨、3号石棺1号人骨）を除く四体が、一つの家族におけるキョウダイである可能性である。たしかに、1号石棺の二体が血縁関係にあるだけでなく、1号石棺と2号石棺の被葬者間でも、1号石棺の二体と

3号石棺1号人骨がグレイゾーンの値を示しており、その可能性を示唆している。しかし、そうであるのならば、2号石棺に一体しか埋葬されていないのは不都合である。また、調査所見では三基が同時に設置されたということであり、当初から三基分の被葬者が予定されていたことになるため、なおさら不都合である。

以上から、5号墳は、当初から三つの単位が埋葬されることが予定され、それらの単位の成員相互には血縁関係が想定しうるという集団を背景としていることになるだろう。そして、このような集団は、通常の家族の範囲を超えるものであり、傍系親族をも含んだ大家族あるいは出自集団に相当することになるだろう。したがって、5号墳の三基の埋葬は、古墳の造営主体である集団の代表者を葬ってはいるものの、出自集団や家族集団の中で有力家族を析出しえないまま葬ったことを示していると考えられる。まさに、古墳時代前半期における状況を残しているのである。

このような現象から導き出されることは、岩屋遺跡における六世紀中頃の集団が、双系的親族関係に基づき、いまだ代表権あるいは経営権を特定個人はおろか特定家族にすら集約し得ない状況であったということであり、家父長制家族の成立にはだいぶ遠い状態と評価されよう。

散在する「古い家族」

古墳時代前半期の家族形態をもつ集団は他にもある。大分県直入《なおいり》郡直入町長湯《ながゆ》横穴墓群は六世紀前半に築造された横穴墓群であり、上ノ原横穴墓群から隔たった山間部の遺跡である。被葬者の親族関係を分析したところ、そのうち2号横穴墓の男性二体が父子あるいは兄弟、6号横穴墓被葬者の男性二体も兄弟であった可能性が高いという結果が得られた（石川健・舟橋京子・渡辺誠・原田智也・田中良之「長湯横穴墓出土人骨について」『長湯横穴墓群　桑畑遺跡』大分県教育委員会、二〇〇四年）。

他にも福岡県宗像市浦谷《うらたに》古墳群では、五世紀後半～末のC-4号墳では男性二体がキョウダイと推定されている（田中前掲、一九九五年）。そして、清家章の分析によれば、六世紀代の近畿地方では父系化しながらもなおキョウダイ関係で埋葬されるという（清家章「近畿古墳時代人の埋葬原理」『考古学研究』49-1、二〇〇二年）。

このような事例は、父系化と家父長制家族への変化が必ずしもスムーズではなく、保守性の強い地域では、前代の関係を維持していたことを物語っている。しかし、そういう事例はあっても、六世紀後半に島根県の山間部でも基本モデルⅡへと変化し、平野部では基本モデルⅢへと変化していること、七世紀代には東京都まで基本モデルⅡが及んでいることを考えると、全体としては古墳時代後半期には父系化し家族経営へと変化していたと考えていいだろう。

多数埋葬の石室

岐阜県大垣《おおがき》市花岡山《はなおかやま》古墳群は六基の円墳が調査され、七世紀代の横穴式石室から多数の人骨が出土した。このうち、3号墳は、通常の規模の横穴式石室に成人三体（男性一、女性二）、若年二体（うち男性一）、小児三体の計八体が埋葬されていた（図41）。そして、この古墳群の親族関係を分析した結果は、3号墳の被葬者が夫婦と家長とならなかった子（男女のキョウダイ）、およびその子供たちという基本

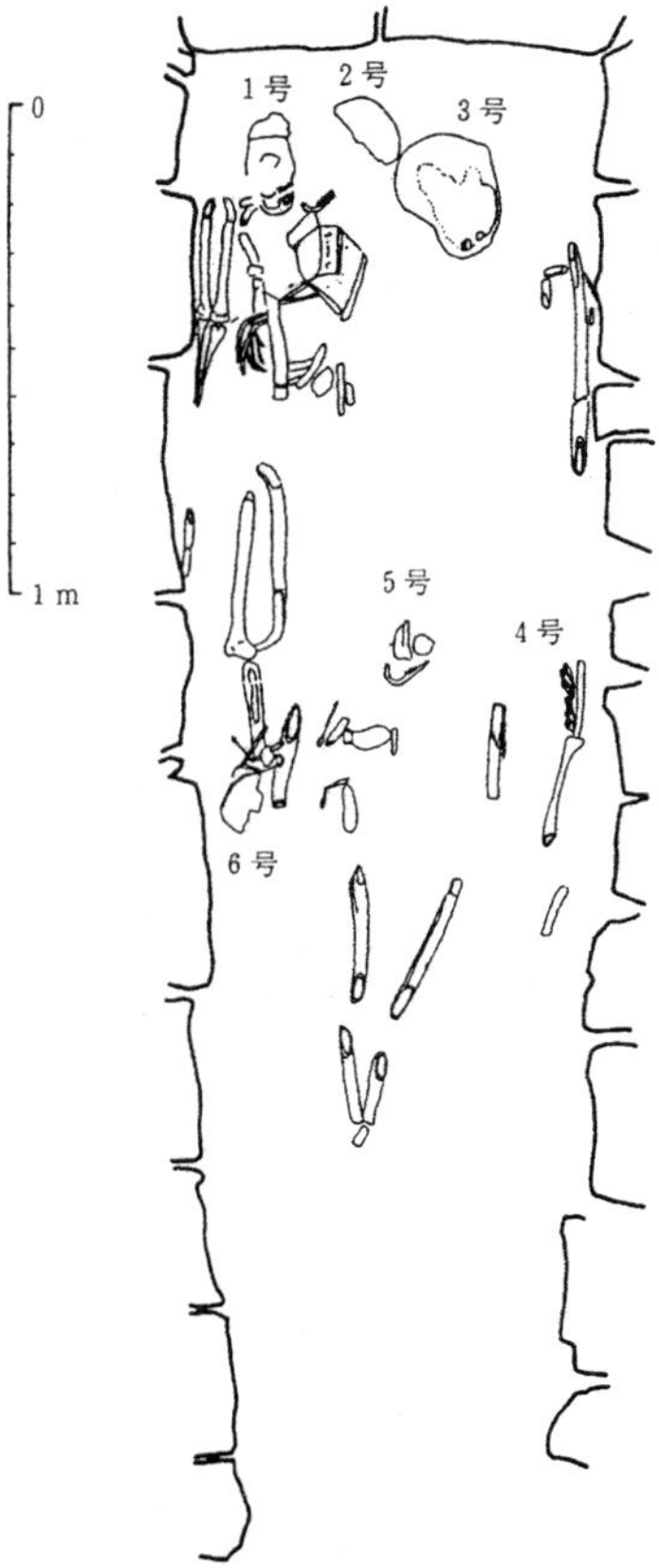

図41　花岡山3号墳
（大垣市教育委員会『花岡山古墳群発掘調査報告』1971年より）

モデルⅢであった（田中前掲、一九九二年）。

3号墳は比較的被葬者が少なく、いわば通常の埋葬原理が適用されている。ところが、1号墳では一六体、5号墳には二四体が埋葬されていたのである。このうち1号墳は、全長八・六七メートル、玄室奥行五・四メートル、幅一・四五メートル、高一・七八メートルの横穴式石室に成年一〇、若年一、小児四、乳幼児一の計一六体が検出された。また、5号墳は全長七・三八メートル、玄室奥行五・八メートル、幅一・六五メートル、高一・四三メートルの横穴式石室に成人八（男性二、女性三、不明三）、若年一、小児一〇、乳幼児五の計二四体が埋葬されていた（図42）。

一基の被葬者数としてはきわめて多いものであるが、人骨の配置をみると、玄室奥部の

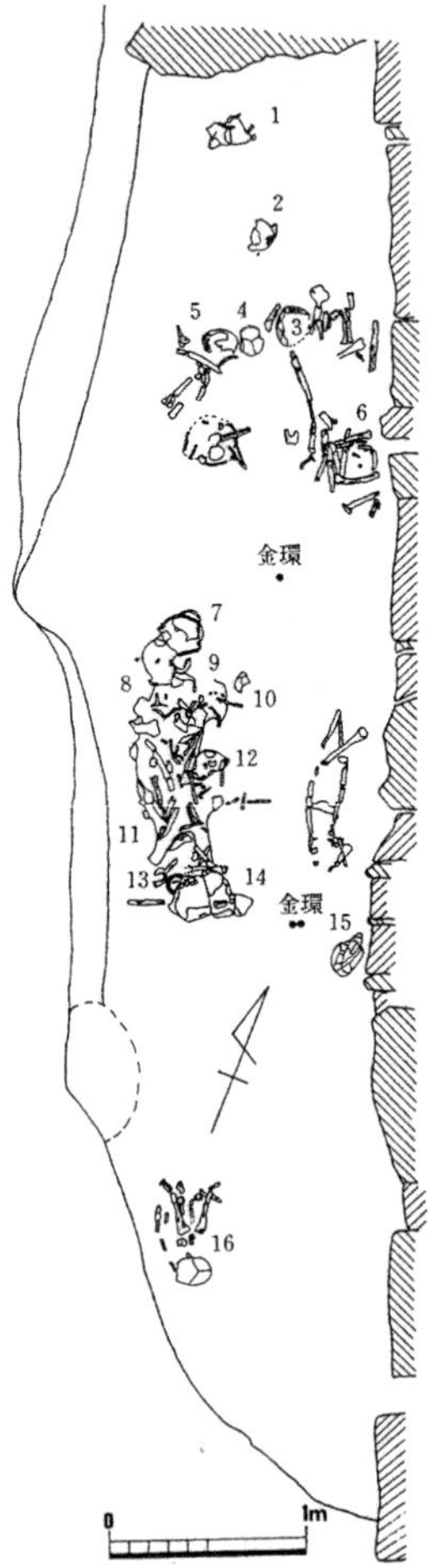

図42　花岡山5号墳
（大垣市教育委員会1971年より）

1号～6号人骨と玄門部よりの7号～15号人骨の二群に分かれている。副葬の須恵器もこれに対応して玄室最奥部と中央やや玄門よりに二群が認められることから、奥部の人骨群を北群、玄門よりの一群を南群とする。

北群は、落石が甚だしく本来の人骨の位置関係が乱されているが、3号（成年）・4号（二〇歳前後の男性）・5号人骨（二〇歳前後の女性）は頭を並べて葬られている。また、6号人骨として取り上げられた成年・若年・小児・乳児は四肢骨を方形に再配置されており、明らかに片付けられたものである。1号・2号人骨は性・年齢とも不明であるが、北群の中でもより奥部に葬られており、先行して埋葬された可能性が高いといえよう。そして、須恵器とともに直刀が一振副葬されていた。

南群は、15号人骨（成年後半の女性）が本来の位置関係を保っており、最終埋葬の個体と考えられる。他の人骨は玄室西側にまとめられており、15号人骨との間に五〇センチほどの幅で通路状の空閑地を設けている。また、集骨状にはなっているものの、7号（成年～熟年男性）・8号（小児）・9号（小児）・10号人骨（小児）が東頭位、13号（若年・小児・幼児）・14号人骨（小児）が西頭位に置かれ、11号・12号人骨（いずれも小児）が両者の中間に位置している。7号や13号人骨の上・下顎骨はおおむね関節状態に近いことからみて、これらの被葬者は対置埋葬で順次葬られていった可能性があるが、四肢骨の状態が不明瞭

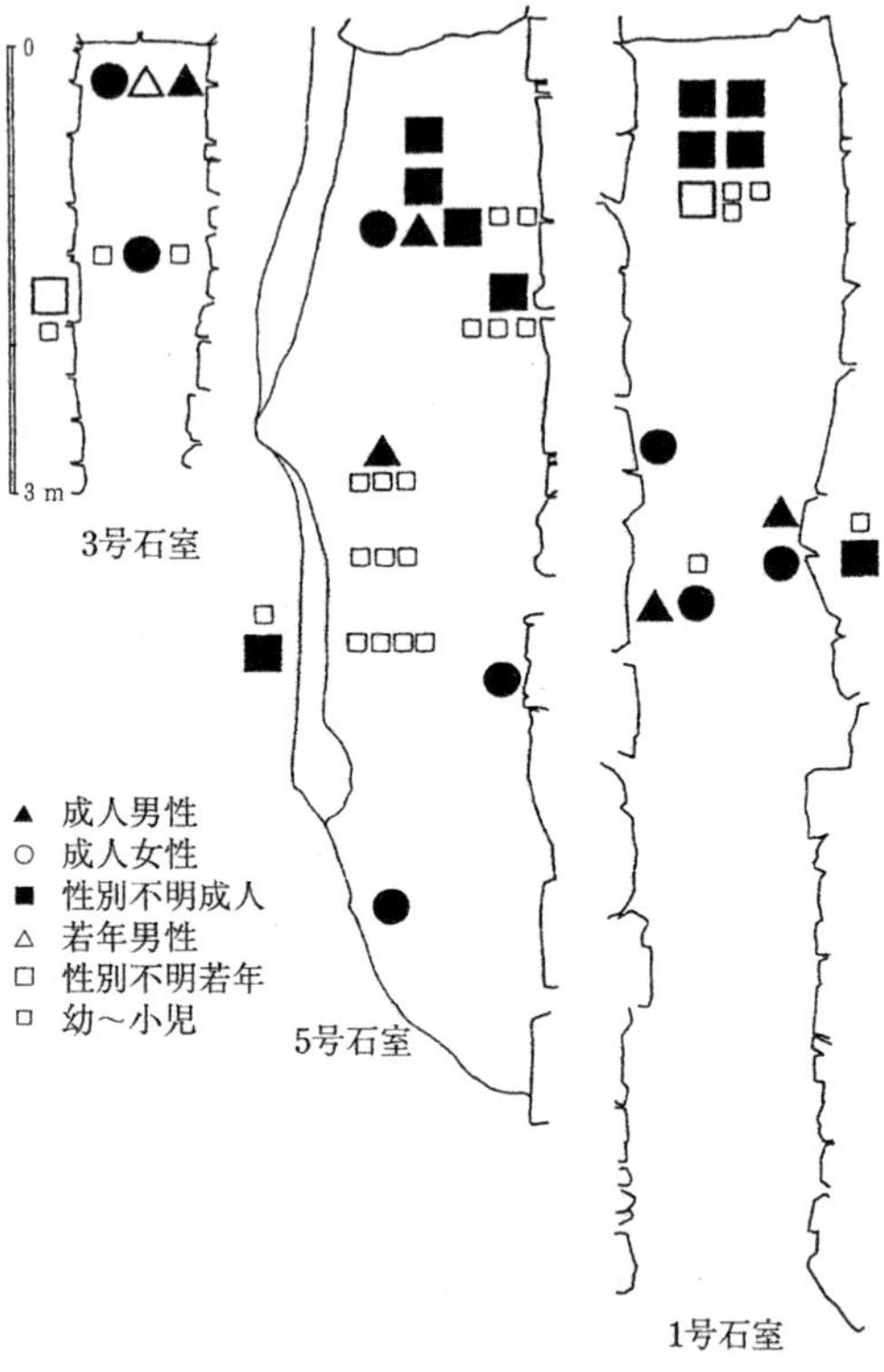

図43　花岡山古墳群の石室比較

なので判断不能である。この人骨群の北西に接して一群の須恵器が認められる。

大家族へ

さて、本古墳群においては、石室の規模と被葬者数にある相関がありそうである。多数の人骨を出土した1・5号墳と、八体と比較的少ない被葬者数であった3号墳では石室の規模が半分近いものになっているのである（図43）。しかし、墳丘規模には石室にみられるような顕著な差が3号墳と5号墳との間にあったとは思えない。また、5号墳では玄室の南北で人骨に二群が認められ、須恵器群もそれに対応して二群が存在した。そして、南北の被葬者群に伴う須恵器はいずれも七世紀前半代の時期幅を示す。したがって、二四体を累代にわたって埋葬したというより、南北二群とも併行して埋葬されていったことを示している。1号墳も同様に出土した須恵器の時期幅はそれほど長いものではない。したがって、これらから、3号墳の被葬者が一つの単位であり、1・5号墳はその単位が複数埋葬された可能性が示唆されるのである。

花岡山古墳群における現象は、五世紀後半に家長とその子という単位へと絞られた古墳被葬者が、傍系親族も含めた範囲へと拡大したことを意味している。つまり、大家族化である。

同様な現象は北部九州の横穴墓にも認められる。すでにみてきたように、五世紀後半〜六世紀前半の横穴墓は、上ノ原に代表されるように、墓域が家族ごとに割り当てられ、そこには家長墓が累代で築造されていた。ところが、六世紀後半〜八世紀の横穴墓を中心とする福岡県行橋《ゆくはし》市竹並遺跡では、同一の墓道あるいは前庭部を共有してほぼ同時期の横穴墓がいくつも築造されている（竹並遺跡調査会『竹並遺跡』東出版寧楽社、一九七九年）。この竹並遺跡については、墓道を共有する横穴墓群全体が後の郷戸に相当する世帯共同体の成員であると考えられている（佐田茂「横穴墓の被葬者」『竹並遺跡』東出版寧楽社、一九七九年）。この佐田の説を認めるにはさらなる検討を進める必要があると考えるが、少なくとも竹並遺跡における横穴墓の築造原理が、上ノ原横穴墓群のように埋葬にあたっての選択性が強いものではなく、成員の多くが埋葬されたものであった可能性は高いと考えられよう。

家族・親族からみた古代社会

部族社会としての縄文時代

家族・親族論と社会論の邂逅

本書ではここまで、縄文時代および弥生時代の西日本は双系社会であり、古墳時代の後半期になって家長を中心とする父系的編成へと移行して奈良時代の戸籍へと連続していくこと、そして、このような家族や親族とその変化は、社会とその変化と強く相関してきたことを示してきた。では、家族・親族論をふまえたとき、原始古代の社会とその変化過程のイメージは変わるのだろうか。

親族関係の研究を進めていた私は、それ以前に行っていた縄文時代研究の関係で、一九九七年一一月に筑波大学で行われた日本人類学会におけるシンポジウム「縄文社会の人類学」で、「縄文社会の地域構造」というタイトルで発表を行ったが、そのとき親族関係と土器の動態が示す地域社会がリンクしはじめた。また、そのときの松永幸男の発表「縄文のマツリと弥生のマツリ」やシンポジウムでの議論にも大いに啓発された。その後、その内容を発展させて一九九九年に北九州市立考古博物館の講演会で発表し、同館の紀要に収録された（田中良之「土器が語る縄文社会」『研究紀要』6、北九州市立考古博物館、一九九九年）。さらに、一九九八年三月に九州大学で行った「基層構造フォーラム」で「国家形成過程における親族関係」というタイトルで発表し、弥生時代から古墳時代にいたる親族関係と社会変化の関連について通時的展望を述べ、その内容は二〇〇〇年に「墓地からみた親族・家族」というタイトルで掲載された（『古代史の論点2』小学館、二〇〇〇年）。つまり、一九九七年秋から一九九八年春という期間は、私の中で親族関係研究と原始古代社会像がつながった時期なのであった。

その後も両者を結合させながら研究を進めてきた。したがって、この最後の章ではこれらをふまえながら、これまで述べてきた家族・親族が原始古代とどのように関係しながら変化してきたかを展望することにしたい。なお、時代区分と社会進化段階については、前者を従来の旧石器・縄文・弥生・古墳・奈良時代を用い、後者は新進化主義のバンド社会・部族社会・首長制社会・国家社会を用いる。新進化主義については「歴史における家族・親族の意味」の章を参照していただきたい。

これまで縄文時代と弥生時代を対比するとき、狩猟採集と稲作という生業の違いとともに、「平等社会」と「階層化社会」、あるいは「単純な社会」と「複雑な社会」という差として語られてきたと思う。しかしながら、近年の縄文時代研究は、この時代が過去のイメージよりは複雑な社会をもっていたことを明らかにしてきた。そこには、「祖霊」「単位集団」「有力墓地」「階層」「首長」「世帯の自立」「戦争」など、従来は弥生社会の研究に使われてきた用語が用いられることも珍しくない。これらの用語の使用が妥当かどうかはともかくとして、このことは少なくとも縄文社会が「弥生のコトバ」で語りうる複雑性を備えていたことを物語っている。では、それはどのような内容の社会だったのだろうか。

バンド社会からスタートした縄文社会

まず、旧石器時代には人骨の出土例もほとんどなく、まったく手がかりがないのが実情である。おそらくは狩猟採集で移動性の高いバンド社会であったという想定に止まるのみである。そして、縄文時代も、旧石器時代から引きつづき移動性が高く、狩猟の比重がより高い小集団による生活からスタートしたことは疑いない。ところが、早期〜前期には、集落の規模は大きくなり、住居や墓の配置に企画性がうかがえるようになって、定住性が高まり、地域社会を形成するようになる。

林謙作は縄文社会が墓においても集落においても二分された社会であったことを明らか

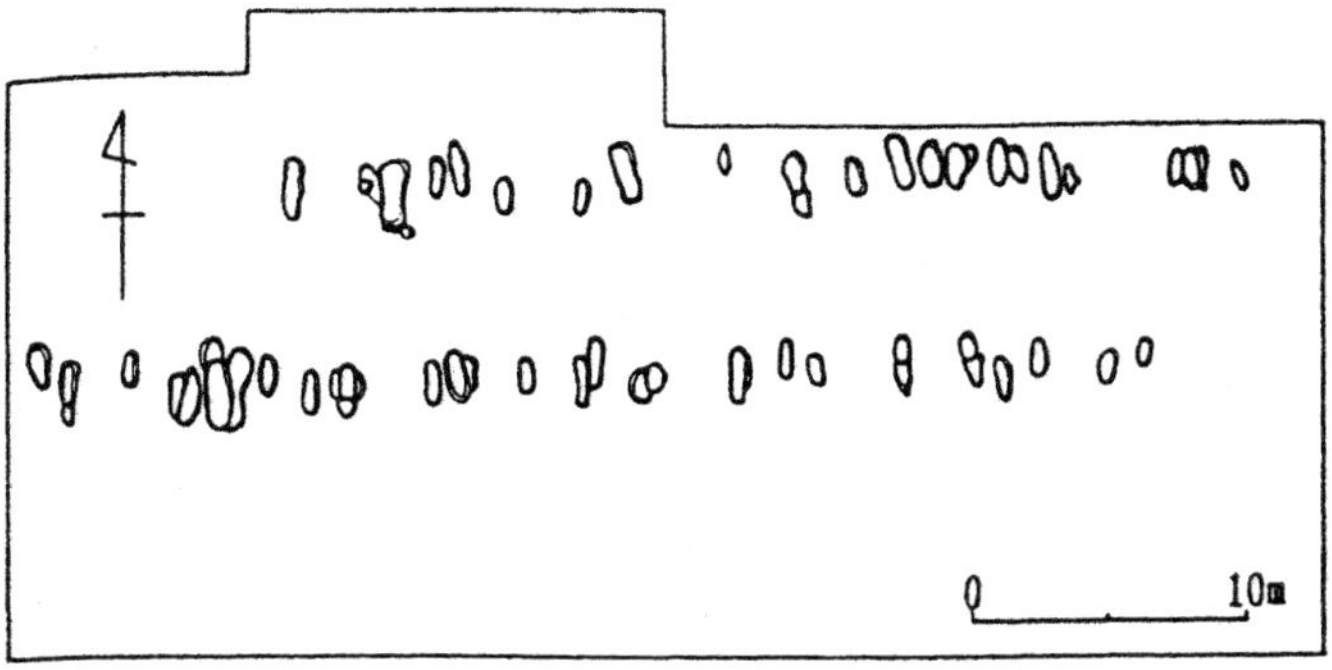

図44　三内丸山遺跡列状墓（林1998年より）

にしているが、二分傾向とは住居や墓地が二つに分かれるというもので、図44に示した三内丸山遺跡の墓のように、墓の列状配置からみると、二つのグループがあるとともに、系譜を意識した配置にみえる。林はこれを「ムラ出自」による二分によって説明しているが、（林謙作「縄文社会は階層社会か」『古代史の論点4』小学館、一九九八年）、墓では説明できても、集落に対してはこの原理では説明できない。二分された集落の一方が婚入者たちの居住区ということになってしまうからである。

この二分傾向は、二つの親族集団によって社会が構成されたことを示唆する。そして、遺跡内の住居や墓が二つほどのグループに分かれる一方、社会を統合させるためと考えられる土偶や石棒などの道具も発達する。このように、社会あるいはその縮図としての集落が複数のカテゴリーに分割され、それを統合するためにさまざまな儀礼などを行う社会は、典型的とはいえないまでも、部族社会に相当する可能性が高いといえよう（田中前掲、一九九八・一九九九年）。

さて、バンド社会が定住化するには二つの方向が考えられる。一つはバンドを統合して氏族を形成し、氏族間で婚姻関係を結んでいく方向である。もう一つは、いくつものバンドが二つの半族にまとまり、半族間で配偶者の交換をする方向である。いずれも可能性のあるものであるが、移動性もなお残す場合は、部族領域も安定せず流動的であるため、領域内に展開し定着する氏族の形態は不都合であると思われる。仮に氏族を志向したとしても、バンドをどちらかの半族にまとめて外婚制を機能させた方が混乱しにくく実効的であったと考えられる。そのような事情もあって、縄文社会は後者の方向を選択したといえよう。

血縁と系譜

縄文後期初頭の茨城県中妻貝塚では一〇〇体以上に及ぶ大量の人骨が一つの穴に集骨されていたが、人骨の歯を計測して遺伝的関係を分析した結果、これらの人骨は二つの血縁者グループに分かれた（松村博文・西本豊弘「中妻貝塚出土多数合葬人骨の歯冠計測値にもとづく血縁関係」『動物考古学』6、一九九六年）。一〇〇体以上という数字は、もちろん一時期の集落の死者ではあり得ず、数世代に及ぶ死者を集骨したものであり、そこには祖霊観と系譜意識をみることができるが（山田康弘「多数合葬例の意義」『考古学研究』42-2、一九九五年）、世代をこえた系譜意識の基盤をなすのが血縁性であることはいうまでもない。

そして、後期以降にはさらにいくつかの単位に分割され、集石墓の形成過程などから祖霊と系譜意識の形成がうかがえるという（小杉康「縄文後半期における大規模配石記念物の成立」『駿台史学』93、一九九五年）。それを端的に示すのが環状列石や環状周堤墓であり、図45のように両者とも内外の同心円構造をもち、環状列石は放射状にいくつかに分割され、周堤墓は墓の方向でも分割される。私はかつて、環状集落も同様の原理であるとし（田中前掲、二〇〇〇年）、それゆえに前期の環状集落の存在をもって氏族形成を早く考える説も出されている（谷口康浩「環状集落と部族社会」『縄文社会論（下）』同成社、二〇〇二年）。ところが、中期までの環状集落においては中心の墓群は二分のままであり、いくつかのカテゴリー、すなわち氏族に分割された社会へといたるのはやはり後期以降のようである。

さて、このように縄文時代のある段階以降は部族社会であり、後期以降は同じ祖先と系譜をもつ氏族に分割され、それが部族へと統合されて地域社会を形成していた可能性が高い。そうすると、地域社会すなわち部族は複数の氏族が構成し、集落は氏族の分節である出自集団が複数で構成することになり、その統合は祭祀などで行ったことが想起される。祭祀・儀礼に関する土偶・石棒などの遺物、あるいは集石遺構や環状列石などの発達は、

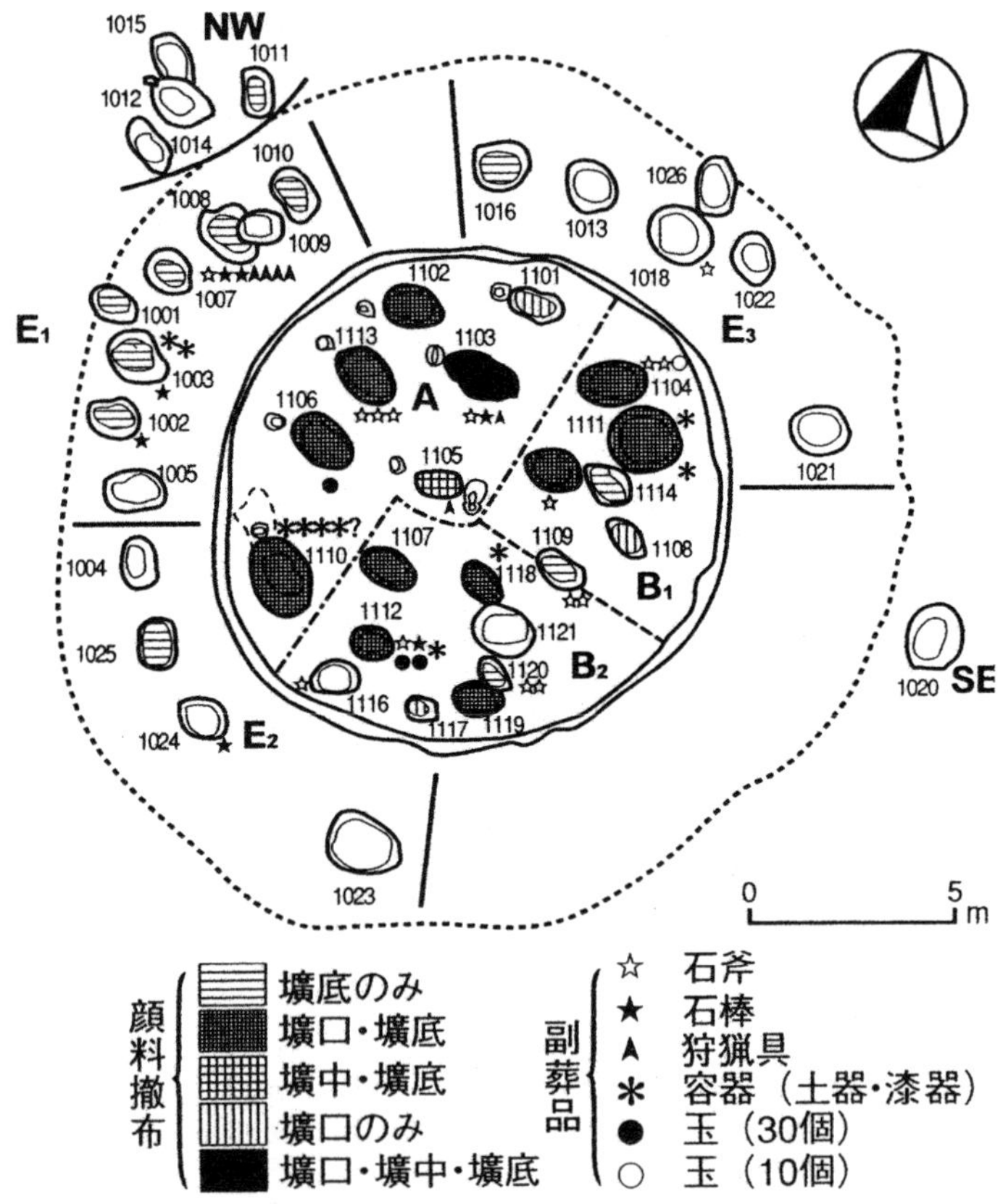

図45　環状周堤墓（林1998年より）

これら社会統合の機能との関連で理解されよう。そして、これらを主催する部族・氏族の族長や呪術者・長老などリーダーたちの存在も予想されるのである。

じっさい、縄文時代の集落の全てが土偶などを大量に出土する大集落ではない。むしろ、通常規模の集落の中にまれに大集落が存在するというあり方である（小林達雄「原始集落」『岩波講座日本考古学4』岩波書店、一九八六年）。これは、墓地においても同様であり、上記の環状列石などは半径二五キロ前後の範囲に一つくらいの割合で存在する（MATSUNAGA, Y., 1998 : Ritualistic activities in the Jomon and the Yayoi period : from a comparative point of view, *Anthropological Science*, 106-2)。そして、そのような墓には石棒や腰飾りなど特殊な遺物が副葬されることがある。

特殊な墓地の被葬者

これらの現象は東日本にとくに顕著であるが、西日本においても後晩期の集落に同様の現象が指摘されている。図46の福岡県遠賀《おんが》郡芦屋町山鹿貝塚は、墓群の中心に女性二体と乳児の三体が埋葬され、貝製の珠類や骨製の笄《こうがい》、猛禽《もうきん》類の爪や鮫歯《さめば》製の耳飾り、豊富な貝輪とともに、西日本ではきわめてまれな鰹節型大珠や鹿角製腰飾などといった豊富な副葬品を持つことで知られる遺跡であり、近隣の他遺跡の埋葬と大差がある。また、これら三体の周囲の人骨も貝輪や耳飾・笄を着装した例が多く、墓地全体が富裕な印象を与える。では、これらの墓地の被葬者は、たとえば

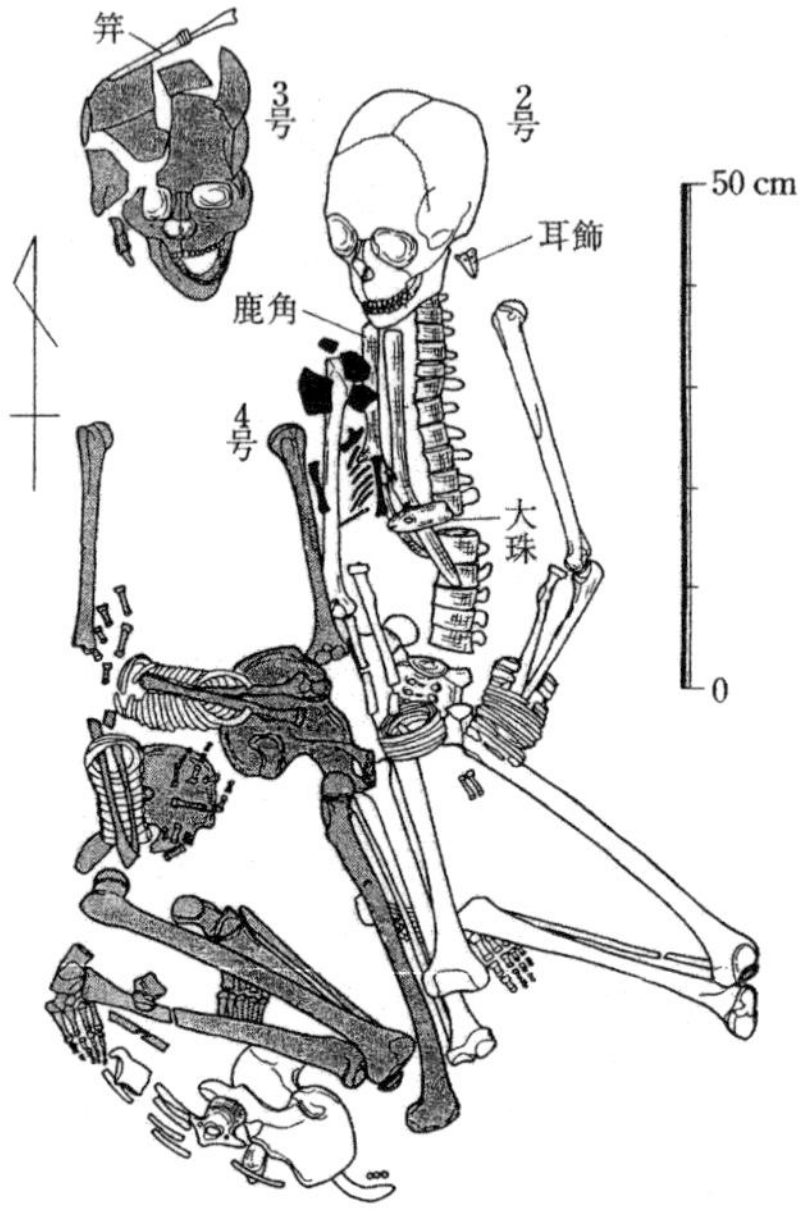

図46　山鹿貝塚の「厚葬墓」
（山鹿貝塚調査団『福岡県遠賀郡芦屋町山鹿貝塚の調査』1972年より）

津雲《つくも》貝塚や伊川津《いかわづ》貝塚のように、近い血縁者を多く含んだ集団墓地なのだろうか。

山鹿貝塚の出土人骨については男性四体と女性四体に限られるが、歯冠計測値による分析が可能であった。詳細は別稿に譲りたいが、2号と12号、8号と16号、13号と16号に複数の組み合わせで〇・五〇〇以上の値が出ている。したがって、この墓地が血縁者を含む墓地であることは明らかである。ところが、平均値をみると男性同士、女性同士、男女間、墓地全体とも、すべて他人同士と大差ない値となるのである。この点は、津雲貝塚や伊川津貝塚と大きく異なっている。つまり、この墓地には通常の血縁関係にある人物同士よりも広い範囲の人物が葬られているということになろう。

そして、山鹿貝塚墓地の遺構配置をあらためてみてみると、中心に豊富な副葬品を有する2～4号人骨があり、その周囲に他の被葬者が配されていることがわかる。さらに、中心の三体が真北に頭位を取るのに対して、8・9・10・12・13号人骨は西頭位、7・15・16・17号人骨は西北西頭位、5・6号は南頭位、14号人骨は北東頭位というように、頭位を違えて周囲に埋葬しているようなのである。貝塚の南側は後世にカットされた部分が多く、未掘部分もあるため、一概にはいえないかもしれないが、山鹿貝塚墓地は図47のように中心埋葬と頭位の異なるブロックが環状に囲むという構造となる可能性がある。これは図45に示した環状列石や環状周堤墓と基本的に同じ構造となる。

そうすると、各々のブロックは、氏族あるいはその分節である出自集団を表す可能性が高い。また、個々のブロックやブロック相互にも血縁関係を認めることができるが、全体の値からみれば、一つの集落の墓地というよりは、より広い範囲の被葬者が埋葬されていることを考えなければならないだろう。東日本と直接の比較をすることができないだろうが、山鹿貝塚をみるならば、九州においても後期の段階で氏族に分割された部族社会が存在したと考えられる。

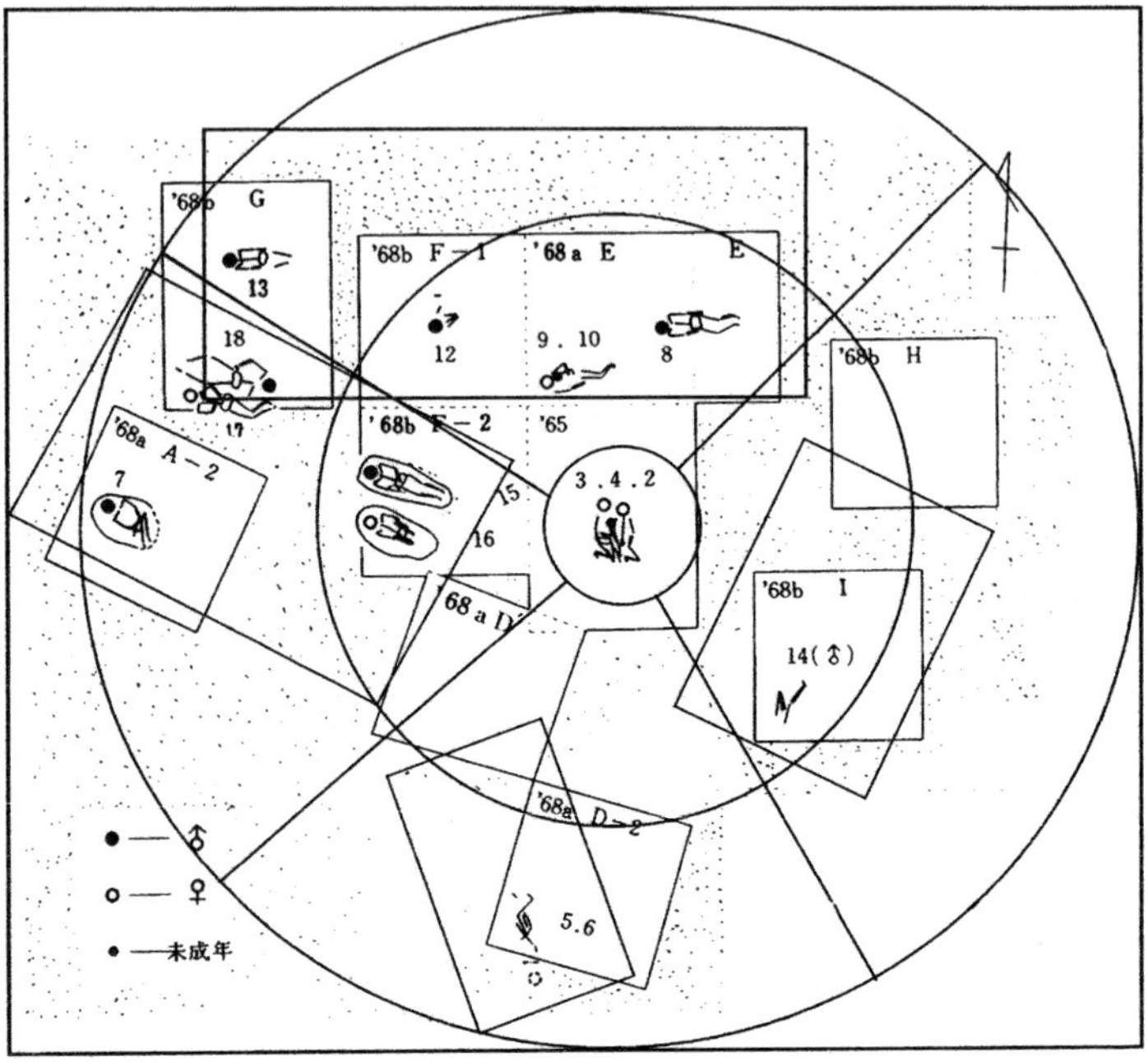

図47　山鹿貝塚墓地の分割構造の復元

このような集落や墓地における「拠点」と「周辺」というあり方は、現象的には優劣関係にも見える。生態考古学者であった渡辺仁の研究（『縄文式階層化社会』六興出版、一九九〇年）以来、縄文時代に「首長」や「階層」をみる見解が増えているが、それらもこのような現象に基づいており、たしかに現象的には副葬品の有無や質・量における格差は階層差にもみえる。しかし、渡辺の論が依拠するカナダ北西太平洋岸のインディアン社会の階層化については、ヨーロッパ人との接触による一時的現象という指摘もあり（石川健「カナダ北西海岸狩猟採集社会研究の現状」『東アジアと日本』2号、二〇〇五年）、やはり縄文社会の研究そのものからこの問題は論じられるべきであろう。その意味で、谷口康浩は、環状集落の存在などから前期から氏族形成を考え、それを受けて縄文社会は階層化するという（谷口前掲）。これは親族論を考慮した論であるが、どこからが首長制社会かという定義の問題とかかわるものであり、次の節で併せて検討したい。

さて、その点で興味深いのは、山鹿貝塚における中心埋葬である2〜4号人骨である（図46）。というのも、右側の2号人骨は左右の肩甲骨と肋骨、左右の寛骨《かんこつ》（骨盤）がなく、左の3号人骨も胸部の骨と仙骨がなくて、これらの骨は4号人骨の足下に集骨されていた。また、3号人骨の頭骨は肩の位置よりかなり上にあり異常である。しかし、他の骨は、2号の右上腕骨が下に若干ずれている他はほぼ関節状態であり、集骨された骨の上に3号人骨の右脛骨が乗っていることから、これらの骨の抜き取りは完全に骨になってからではなく、軟部組織がある状態で行われたことがわかる。

このような「遺体毀損《きそん》」は、死者の再生を阻止するための儀礼行為と考えられ、縄文時代から古墳時代までときに行われている。とくに山鹿貝塚の例は、胸部の骨とともに骨盤の抜き取りも行われており、再生阻止がより念入りに行われている。そして、この墓地にはいくつかの氏族あるいは出自集団の成員が環状に配置され、この二体はその中心に埋葬されていた。したがって、いくつかの出自集団あるいは氏族をまとめるリーダーであり、おそらくは呪的能力の高い人物であったが故に、死後は再生を阻止されたのではないかと考えられる。いずれにせよ、首長に対する扱いではないだろう。

再び半族へ

さて、縄文時代には風習的抜歯が行われており、春成秀爾はこれを出自表示ととらえ親族関係を論じてきた（春成秀爾「縄文晩期の婚後居住規定」『岡山大学法文学部学術紀要』40、一九七九年など）。「基層をなした双系社会」の項で既述のように、その立論は西日本縄文晩期の抜歯型式が2C系と4I系の二つに大別される点に基礎をおく。春成はこの両者を婚姻抜歯と考えたが、この仮説が成立しないことは「歴史における家族・親族の意味」、「基層をなした双系社会」の項でも述べた通りである。しかし、抜歯の特性ゆえに何らかの表示である可能性は高い。そこで想起されるのが、前にふれた部族社会を二分する原理である。すなわち、抜歯の二系統は半族表示ではないかという可能性が出てくるのである。そして、たしかに、半族表示であれば、津雲貝塚などで双方の抜歯系統において同様に血縁者を含むという結果が出ていることから、その可能性は高い。

半族表示であれば、近縁の部族が並立することにより、広域でその原理が共有される可能性がある。つまり、氏族が一つの部族だけでなく複数の部族にまたがって存在した状態である。部族外とも広く婚姻するケースでは、部族相互の排他性は低下し広域社会を形成しやすい。そして、各氏族は半族の中に位置付けられることによって、より円滑に機能することができるのである。縄文後期から西日本～九州に東日本から文化要素が波状的に伝播し、後期中葉には広域土器分布圏が形成され（田中良之・松永幸男「広域土器分布圏の諸相」『古文化談叢』14、一九八四年）、その現象は晩期いっぱいまで継続する。その背後には人口移動も含まれると考えられ、縄文社会は氏族を半族へと編成することによって、そのような流動的かつ広域の社会状況へと対処したと考えられよう。

部族原理と階層構造

弥生社会の形成

弥生時代は、縄文時代と違って、階層化を実現した社会であることは疑いない。しかし、そのプロセスはどのように捉えられるのだろうか。まず弥生時代開始期であるが、不明な点が多いものの、韓半島からの渡来人は縄文人たちと共住し、独自のコロニーをもつことはない（田中前掲、一九九一年）。これは、後述のように韓国の南岸地方は古墳時代においても双系であることから、両者とも排他性の少ない双系社会の親族関係に基づいて共住したことが考えられる。このような現象は、渡来人を受け入れ農耕民化した当初、縄文人集団の構成原理には大きな影響がなかったことを物語るといえよう。したがって、既述のような氏族あるいはそれが二つにまとめられた半族をもった部族社会であった可能性が高い。

しかし、縄文時代の部族社会がそのまま続いたわけではない。前期～中期前半には稲作の安定・拡大とともに人口が増加する。これは年間増加率で〇・六%から一%をこえる高率であり、一〇〇年で二倍以上という爆発的といっていい人口増加である（田中前掲、一九九一年、中橋孝博「墓の数で知る人口爆発」『原日本人』朝日新聞社、一九九三年）。そして、その結果として集団の拡散が生じる。すなわち、拡大した母村からの分村であるが、その実態は氏族ごとの分節化であり、母村において人口が増加した氏族の一部成員が他の氏族成員とともに、あるいは単独で土地開発を行い移住するというプロセスをとったと考えられる。この場合、新集落へ分節する氏族の数が任意であることは、分村を構成する住居群の数が集落によって異なることからもうかがえよう。そして、このような過程によって、母村―分村間に氏族系譜における上下関係をもたらし、集落間の優劣関係が潜在化したと思われる。ただ、この潜在的優劣関係は、縄文社会と基本的には同質のものであり、それがそのまま階層化へと向かうものでもなく、条件によっては逆転もありうるものであると考えられる。

新たな部族秩序

さて、前期以降の人口増加は人口密度を高め、それによって地域社会の調整規模が増大し、領域の分化、すなわち部族の増加として結果したと考えられる。すなわち、縄文晩期の北部九州は遺跡密度も低く、一部族の領域が広範囲に及んでいた可能性が高い。ところが、弥生前期末～中期には、佐賀県浜玉《はまたま》町宇木汲田《うきくんでん》遺跡、福岡市吉武《よしたけ》遺跡群、那珂《なか》・比恵《ひえ》遺跡群、筑紫野《ちくしの》市隈《くま》・西小田《にしおだ》遺跡、佐賀県神埼《かんざき》町吉《よし》野ケ里《のがり》遺跡など、二〇キロくらいの間隔で地域の核ができている。これは東日本における縄文後期の社会と同様の現象であり、この時期には新たな部族社会の秩序が形成されたと考えられる。

　この時期の墓地が「基層をなした双系社会」の項で取り上げた土井ケ浜《どいがはま》遺跡や永岡《ながおか》遺跡である。その分析結果は双系の社会であったというものであり、親族関係自体は縄文時代から継続されていることを示している。そして、これらの墓、とりわけ列状墓は成人男女と子供が葬られた共同墓地であり、家族などの小単位の集合ではなく、全体が列をなす点に特徴がある。この列の意味については、以前に列を共有することによる社会的結合の表現としたことがあるが（田中良之・土肥直美「二列埋葬墓の婚後居住規定」『日本民族・文化の生成』六興出版、一九八九年）、この時期に墓で強調されるべき結合とは部族的結合であり、そうするとその主体は氏族あるいは氏族を二つにまとめた半族などの親族集団であったことになろう。たしかに、永岡遺跡の分析結果は、列ごとに血縁者が認められ、半族であった可能性を否定するものではない。列間に推定された血縁関係も、集落内の半族間で婚姻関係があれば説明できる。しかし、一列の列状墓の存在や、時に三列やそれ以上になることもある点は、単純な双分制ではなく、半族が分節したり氏族をいくつかにまとめた胞族であった可能性もある。ただ、いずれにしても、氏族や家族の姿は全体の中に潜んでいる。

さて、この時期には吉野ヶ里遺跡や福岡市吉武遺跡群、隈・西小田遺跡などの大規模墓地が存在する。これらは、地域の核をなす集落の墓地であり、とうてい一集落の墓地とは考えられない。そして、これら大規模墓地とセットになって厚葬墓や区画墓が存在する。それらは男性主体であり、拠点集落や周辺の集落をも含めた、いくつかの列状墓を形成した集落から選ばれた人物によって構成された可能性が高かった。このような青銅器を多数副葬する厚葬墓の区画と少数副葬の墓地、ほとんど副葬品をもたない墓地という格差や、区画墓・墳丘墓の存在に、首長や階層の存在をみることは可能である。しかし、区画墓・墳丘墓の被葬者が男性に大きく偏っており、小児墓をほとんど含まず、しかもいくつかの居住区あるいは集落から選定された人物であるらしい点は、有力氏族あるいはその分節としての有力出自集団、ましてや有力家族が階層的に析出された結果ではないことを示している。むしろ現象的にも縄文時代の環状列石や周堤墓、あるいは山鹿貝塚墓地とも類似しており、族長と長老やリーダーなど職能に応じて選択された人物たちであったと考えられる。ただ、これらの墓は多数みられるものではないため、氏族ごとの墓ではなく、部族内の各氏族のリーダーたちの墓と考えられる。

以上のように、大規模墓地は、拠点集落の人口が大きいだけではなく、母村—分村関係の表現、すなわち分村しても母村の墓域に埋葬した結果と考えられ、その中にある区画墓・墳丘墓は、男性主体で族長や各氏族の指導層であり、部族（地域集団）内のリーダーシップと部族的結合の反映であると考えられる。つまり、この時期に階層分化が進行していたとしても、人口の増加と生産力の増大に伴う諸事態に部族的原理と秩序で対処した結果であると考えられるのである。また、双系が基本的親族関係であった中で男性優位である点は、この時期までに行われてきた地域開発によって男性労働に高い価値を生んだ結果と考えられ、父系へと傾斜する可能性もあったことを示している。

このような状況は現象だけから見れば縄文時代後晩期とよく類似する。それは近年の縄文時代研究に弥生時代研究の用語が用いられるようになった理由でもある。しかし、両者とも、いまだ領域の拡大や突出した首長が存在しないという点で、部族社会の段階にとどまると考えられる。そして、縄文時代は部族社会のままで終わるが、弥生時代は首長制社会へと展開する。それが縄文社会と弥生社会のポテンシャルの違いであるといえるだろう。

階層化のプロセス

『漢書地理志《かんじょちりし》』に倭《わ》（日本）は「百余国」と表現されている。この「国」は地方というほどの意味であろうが、それでも地域的まとまりができており、楽浪郡《らくろうぐん》を介して中国がそれを認識していたことがうかがえる。そして、中期後半には福岡県須玖岡本遺跡、三雲遺跡、立岩遺跡、東小田峯遺跡、佐賀県神埼町二塚山遺跡などで前漢の大型鏡や青銅器類などを副葬した厚葬墓が出現する。これらは二〇〜三〇キロおきに位置し、領域内に副葬品の質・量が落ちる墓地をもつ点もそれ以前と基本的に同様である。

これらの厚葬墓は、しかし、三雲南小路遺跡や須玖岡本遺跡D地点のように、被葬者が一〜二人で墓域も隔絶した突出度の高いものと、吹上遺跡のように群をなすものの二つがあった。それでは、これらの墓が示す「集団」とはなんであろうか。まず考えられるのは、これら厚葬墓と周囲の墓群が族長および各氏族の有力層の墓である場合であり（溝口孝司「カメ棺墓地の移り変わり」『弥生人のタイムカプセル』福岡市博物館、一九九八年）、部族社会の構造を維持している。もう一つは、有力氏族の族長と有力出自集団の墓である場合であり、これらの墓地被葬者を「首長とその近親者」とする従来の一般的解釈により近い。

この二つの可能性は、前者は氏族間の格差はあったとしても小さく、後者では氏族間の格差はもはや明瞭である。厚葬墓と周囲の墓群被葬者が血縁的に遠い人たちであれば前者、近ければ後者となり、この問題も解決しうるが、今のところ良好な資料に恵まれず、区画墓出土人骨の分析はできていない。既述のように、氏族内の階層化の素地は、母村―分村関係、系譜の分節関係に基づいて潜在的に存在しており、中心主体の人物を生む素地は縄文時代からある。したがって、生産力の増大と人口増加に伴う調整業務の増大によって、部族の族長が首長へと転化することは十分に首肯できる。しかし、氏族間の序列化は、族長を出す氏族が固定していれば序列化の素地とはなるが、配偶者の交換に基づく対等を原則とするために、にわかには顕在化し得ないものである。これを打破するには他地域と同じ階層同士で通婚したり、内婚へと移行することなどが考えられるが、甕棺《かめかん》の他地域からの搬入などの現象が婚姻に関連するものならば（春成秀爾「弥生時代九州の居住規定」『国立歴史民俗博物館研究報告』3、一九八四年）、そのような部族を超えた階層間の通婚もあったかもしれない。

また、これらの墓地は、図48の立岩遺跡のように、小児棺を多く伴う点で吉野ヶ里遺跡墳丘墓や隈・西小田遺跡区画墓と異なっており、部族の職掌に基づくというより、より家族・親族的である。さらに、中心主体の周辺の墓群は小群に分かれることが知られているが、これら小群は一部世代的に欠けるものがあり（溝口孝司「福岡県筑紫野市永岡遺跡の研究」『古文化談叢』34、一九九五年）、氏族の代表であればやや不都合となる。つまり、欠けた世代は他の小群内に存在すると考えざるを得ず、そうすると区画墓全体が一つの氏族であり、小群は氏族の分節（出自集団）ということになろう。そして、土井ヶ浜遺跡の集骨

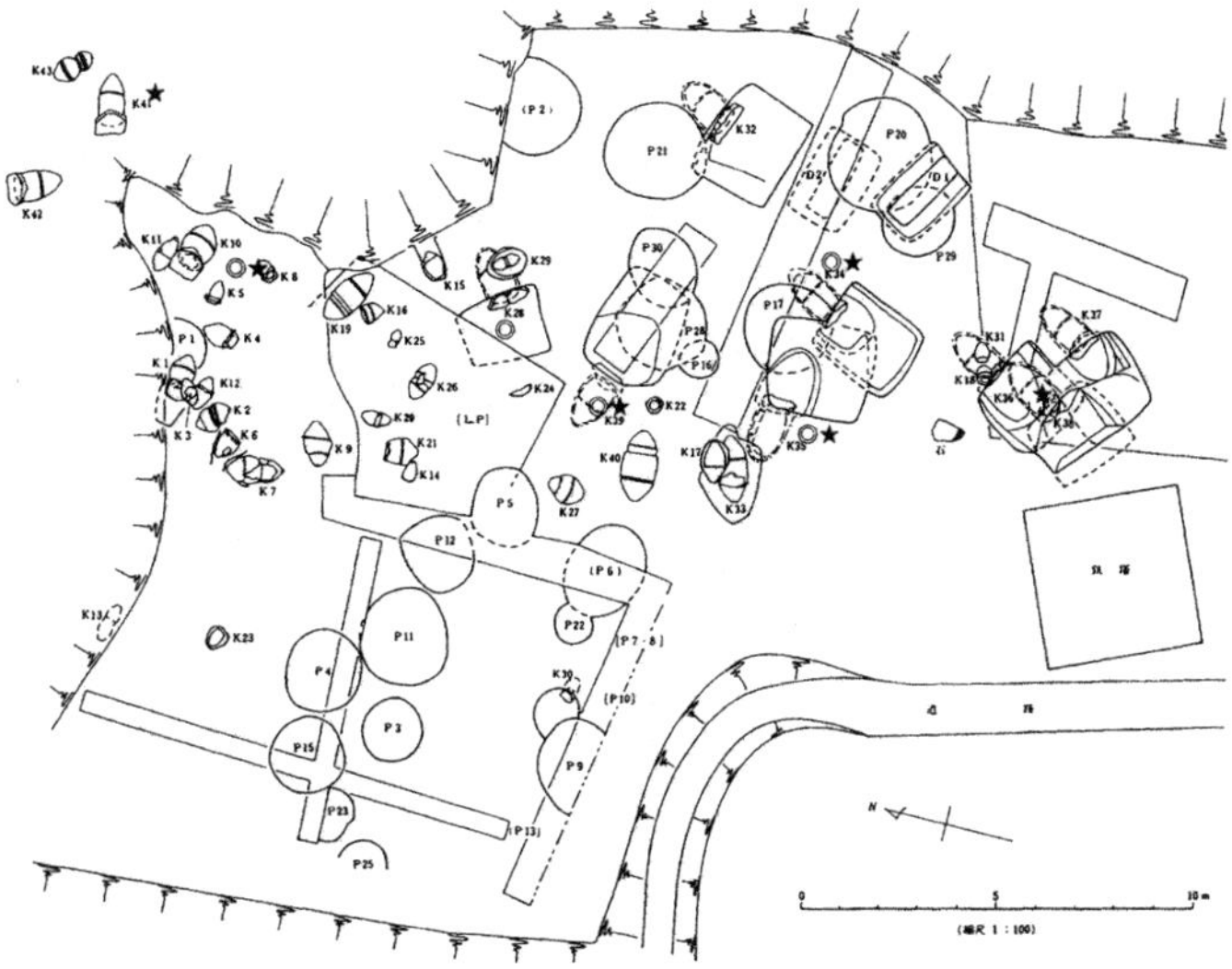

図48　立岩遺跡墓地の群構成

（立岩遺跡調査委員会『立岩遺跡』河出書房，1977年より）

や中ノ浜遺跡の多数埋葬石棺の事例が示すように、本州においても出自集団の系譜の強調や出自集団間の格差の表現が行われており、同様の変化が生じていたと考えられる。

このように、解決しなければならない問題も多いが、これらの厚葬墓とその周囲の墓群は有力氏族内の有力層の墓地である可能性が高いと考えられる。そして、須玖岡本D地点墓がおそらくは墳丘墓に一基のみであり、突出したあり方をしていることからみると、中心主体の被葬者は、もはや部族の族長の域から首長へと転化していたか、しつつあったと考えられる。これは集落において有力層を方形環壕で区画するようになる現象とも符合するのである（武末純一「弥生環溝集落と都市」『古代史の論点3』小学館、一九九八年）。しかし一方では、甕棺や墓の数が激減するのはこの時期の直後であるという事実が示すように（山崎龍雄編「カメ棺出土遺跡地名表」『弥生人のタイムカプセル』福岡市博物館、一九九八年）、この時期までは埋葬の選択性は強くなく、有力層の顕在化とともに共同性も混在するという過渡的様相を見せてもいるのである。とはいえ、中心主体の被葬者が男女のペアである例の登場は古墳時代への移行をみるうえで興味深いといえよう。

さらに、これらの地域社会が示す社会の統合範囲は、それ以前からの地域社会の部族的領域から広がっておらず、本格的な首長制社会に至る以前であることを示している。たしかに、これらの厚葬墓を核とした領域内における墓の格差は大きくなっており、領域間においても、副葬品の質・量を見る限りでは須玖と三雲が突出しているものの、外来品のコントロールによる優劣関係のようであり、青銅器鋳型の分布がいまだ分散的様相を脱していないことなどからみても、まだ部族領域をこえた統合はなされず、部族内統合にとどまると考えられる。そして、部族的結合と階層分化、氏族の序列化の矛盾が、共同性の強調を必要とし、外来の祭祀形態である青銅器埋納を採用させた可能性もあろう。

さて、弥生中期までの墳丘墓・区画墓の多くは、中心主体を持ちながらも、墓地の時期幅は長く、共同性が抜けていない。終末期の前田山遺跡も、選択された家族集団の墓域であり、男女のペアを単位として子供を含むという内容であった。男女のペアに他の人物が加わるという構成は前期古墳被葬者の変異の一つであるが、前期古墳は被葬者がほぼ同世代の一～三人ほどに絞り込まれる。これは有力氏族やその分節の代表者と考えられるが、被葬者と他の成員を截然《せつぜん》と隔てているのである。

この状態がいつ登場するかは、じつはよくわからない。たしかに、後期になると紀元五七年の奴国による後漢への朝貢を裏付けるように、佐賀県唐津《からつ》市桜馬場《さくらのばば》遺跡や神埼町三津永田遺跡で後漢鏡を副葬した甕棺墓が登場する。そして、春日市の須玖丘陵に青銅器生産の核が形成されていくなど、後期になるとこの地域がそれ以前の領域を超えた統合の核の一つになると考えられるが、肝心の須玖丘陵でこの時期の厚葬墓が未発見であるため、判然としないのである。

今のところ、古墳のように被葬者を絞り込んだ墓は、弥生後期後半とも終末ともいわれる福岡県前原市平原1号墓をあげるほかないが、中国地方では後期の中頃から墳丘墓の主体が一～三人程度となる。これについては、岩永省三が青銅器埋納祭祀の終焉と連動することから、共同体祭祀が首長墳における祭祀へと転換し、近畿と九州は遅れをとることを指摘している（岩永省三「青銅器祭祀とその終焉」『日本の信仰遺跡』奈良国立文化財研究所学報57、一九九八年)。すなわち、地域統合のための祭祀が、部族的秩序維持の側面が強い青銅器埋納から、有力あるいは支配氏族の長の葬儀へと転換したというのである。ここに、部族社会の秩序を逸脱した明瞭な首長制をみることができよう。

このような階層分化の過程で、氏族自体が変質していくと考えられる。すなわち、氏族間の階層的序列と同時に擬制を含む同族化が進行し、地域集団が一つの氏族で代表されるようになると考えられる。地域社会は、有力・支配氏族の長とその家族集団を頂点に成層的構造をもち、のちの氏の母胎となる地域的政治集団が形成される。これはもはや氏族の成員間と氏族間の平等を原則とする部族社会の氏族とは異質なものである。そして、この間の事情を伝えているのが『魏志倭人伝』の黥面《げいめん》・文身《ぶんしん》の記述であろう。すなわち、入れ墨は「国」によって異なり、「大小」によっても異なると記されているが、元来は氏族・部族の表示であったものが、かつての部族は「国」となり、氏族は階層化されて「大小」となったと考えられるからである。このように、かつての部族社会の秩序は変質し再編成され、古墳時代へと移行するのである。

父系化と古墳時代社会

父系化と戸籍

古墳時代となっても親族関係には基本的に変化はない。すなわち、私が基本モデルⅠ（図49、「基層をなした双系社会」参照）とした双系のキョウダイ原理に基づく社会が大きく変化したのは五世紀後半のことである。それは基本モデルⅡに表され（図49、「父系社会の形成」参照）、基本モデルⅠの変異型である二世代構成から、男性家長の傍系親族を排除して、家長の子を加えた形であり、父系的に構成を変化させたものといえる。

六世紀前半～中葉になるとさらに新たな基本モデルⅢが出現する。これは基本モデルⅡに家長の妻、おそらくは次世代家長の母と考えられる女性が葬られるようになり、はじめて夫婦同墓となる。しかし、第二世代は基本モデルⅡのままである（図49、「父系社会の形

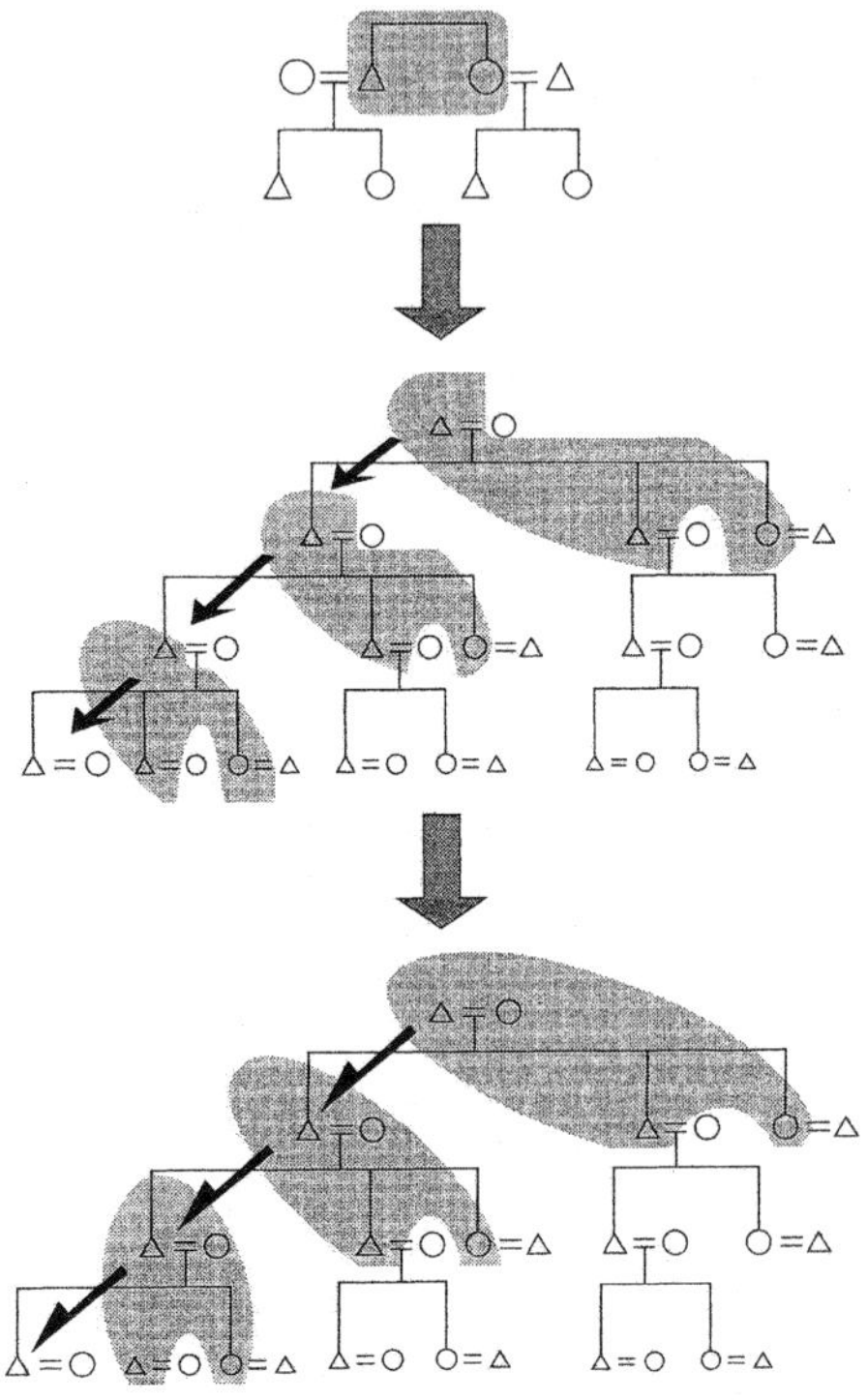

図49　基本モデルの変化

成」参照)。

このような変化は、父系的かつ直系的継承への変化という意味で、基本モデルⅠから基本モデルⅡ・Ⅲへと移行する五世紀後半に大きな画期を認めることができる。しかし、基本モデルⅡ・Ⅲにおける第二世代は、血縁者すなわちキョウダイによって構成されており、それぞれの配偶者は同じ墓には葬られていない。しかも、この第二世代には経産婦らしい女性が含まれることから、明瞭な夫方居住婚ではないか、少なくとも結婚した女性のメンバーシップが父方に残る社会であったことを示唆している。このようなあり方は、家長の継承にみられるように父系的かつ直系的ではあるものの、実際の血のつながりを重視しており、いわゆる典型的な父系社会とも異なるものといえる。また、女子しか生まれなかった場合には、女子がそのまま「家長」となって「婿」を迎えたようであるが、墓に葬られたのは実際の血縁者である「女性家長」のみである。そして、この第二世代の構成が基本モデルⅠをそのまま残したものであることから、五世紀後半の父系かつ直系への変化が、家長などのリーダーにのみ生じたものであり、家長権の父系継承にともなって家族が編成された結果、父系家族が成立したものと考えられる。

「歴史における親族・家族の意味」で記したように、八世紀に作られた戸籍については、擬制説もある一方では、非先進地域でより古い家族の形態をもつ美濃《みの》国や下総《しもうさ》国などの戸籍では、戸主のみが妻を同籍（あるいは同居）し、他の成員は配偶者を同籍しないことが指摘されてきた（石母田正《いしもだしょう》「奈良時代農民の婚姻形態に関する一考察」『歴史学研究』70・72、一九三九年）。すなわち、戸主（家長）のみが夫妻で、その他の構成員は子供がいても配偶者は同じ戸籍には入っていないことが多いのである。これは、戸主（家長）だけが夫妻のペアをなし、家長ではないその他の構成員は配偶者と別々であるという点で、基本モデル

Ⅲとよく類似する。したがって、古墳時代に三段階で変化してきた親族関係が、そのまま奈良時代まで連続していることがわかるのである。

これは、古墳時代前半期の双系的親族関係を基礎にして、家長を中心に父系的編成を行った結果、家長ではない一般成員には双系的性格が残されてしまったことによるのであろう。このような親族関係においては、親族名称が変化することもない。したがって、吉田孝をはじめとする古代史研究者によって強調される双系的性格とは、本来古墳時代前半期の親族関係に由来し、それ以降の父系的親族の中に内包され継承された、双系的残存を指していると見ることができよう。

軍事的緊張か

では、親族関係の変化は何に起因するものなのだろうか。一般的には、親族関係が父系へと変化する要因としては、軍事的緊張関係があげられる（Murdock, G. P., 1949 : *Social Structure*.〈内藤莞爾監訳『社会構造』新泉社、一九七八年〉）。母系社会が軍事的緊張関係がきっかけとなり、戦闘を含めた男性労働の重要性が増して、結婚によって男性が集団の外へ出ることを嫌うようになる。その結果として結婚後に男性は集団に残る夫方居住婚になって、夫方・父方の親族の中で子供は育ち、やがて父系の親族関係へと移行していくという説である。

では、五世紀後半に軍事的緊張はあったのだろうか。たしかに、『記紀』によれば、五世紀代～六世紀前半の雄略朝から継体《けいたい》・欽明《きんめい》朝にかけて、いくつかの軍事的事件が認められる。国内的には雄略即位前紀にみえる葛城円大臣《かずらきのつぶらのおおおみ》とそれにつらなる王族の殺害、雄略《ゆうりゃく》七年八月条および同年是歳条にみえる吉備国造《きびのくにのみやつこ》の反乱、継体二一年六月条の筑紫君磐井《つくしのきみのいわい》の反乱、安閑《あんかん》元年閏一二月是月条の武蔵《むさし》国造家の内紛など、畿内の政権中枢部と、対地方豪族との双方における武力紛争の記載が認められる。そして、その結果、継体・欽明朝には屯倉設置の記事が登場してくる。つまり、この時期は、中央政権内部で王権の伸張を果たし、同時に地方有力豪族を武力制圧して直接支配へとのりだす時期なのである（井上光貞「雄略朝における王権と東アジア」『東アジアにおける日本古代史講座4』学生社、一九八〇年）。

さらに外戦の記述もある。たとえば、四六二年と四七六年には倭兵による新羅《しらぎ》領侵犯の記事があり、『宋書倭国伝《そうじょわこくでん》』にみえる倭王武《わおうぶ》の上表文の翌年の四七九年には大和にいた百済《くだら》王子が倭の兵士に守られて帰国し、東城王として即位している。つまり、対外的にも韓半島における軍事行動を起こしており、とりわけ雄略の四七九年の百済支援は南朝への通告も行っているようであり、本格的な軍事行動と考えられよう。

しかし、国内的にも対外的にも軍事行動はこれだけではない。『魏志倭人伝《ぎしわじんでん》』にも邪馬台国《やまたいこく》と狗奴《くな》国の緊張関係が記されているし、『記紀』には雄略朝以前にも皇位をめぐって皇子と諸氏族の抗争が記述されている。また、対外的にも「好太王碑文《こうたいおう》」に記された三九一年の対高句麗《こうくり》戦をはじめ、四世紀末から五世紀代を通じて韓半島での軍事行動が『記紀』にも『三国史記《さんごくしき》』にも記されているのである。したがって、軍事的緊張関係の存在はいえても、五世紀後半に特別に緊張関係があったというわけにはいかないだろう。

そして、そもそも、軍事的緊張から夫方居住婚となり、結果として父系となったのであれば、基本モデルⅡ・Ⅲにおける非家長のあり方が説明できないのである。すなわち、夫方居住婚を前提として父系化のプロセスをたどったのであれば、結婚した女子が父方に属したり、男子の嫁も排除されているということはありえない。父系の原理が貫徹されていれば、女子はすべて婚出するはずだからである。したがって、軍事的緊張関係は男性の優位性を強調し、父系への傾斜の前提をなしたかもしれないが、主要な要因ではないと考えられるのである。

渡来人の影響か

親族関係の変化の要因については、軍事的要因の他にも韓半島からの渡来人が父系の親族関係をもち、その影響でわが国の親族関係が父系へと変化したと考える説がある（都出比呂志『日本農耕社会の成立過程』岩波書店、一九八九年、白石太一郎「考古学からみたウヂとイエ」『考古学による日本歴史15』雄山閣、一九九六年）。しかし、韓半島が古代からこんにちのような父系社会であったかには疑問が提示されてお

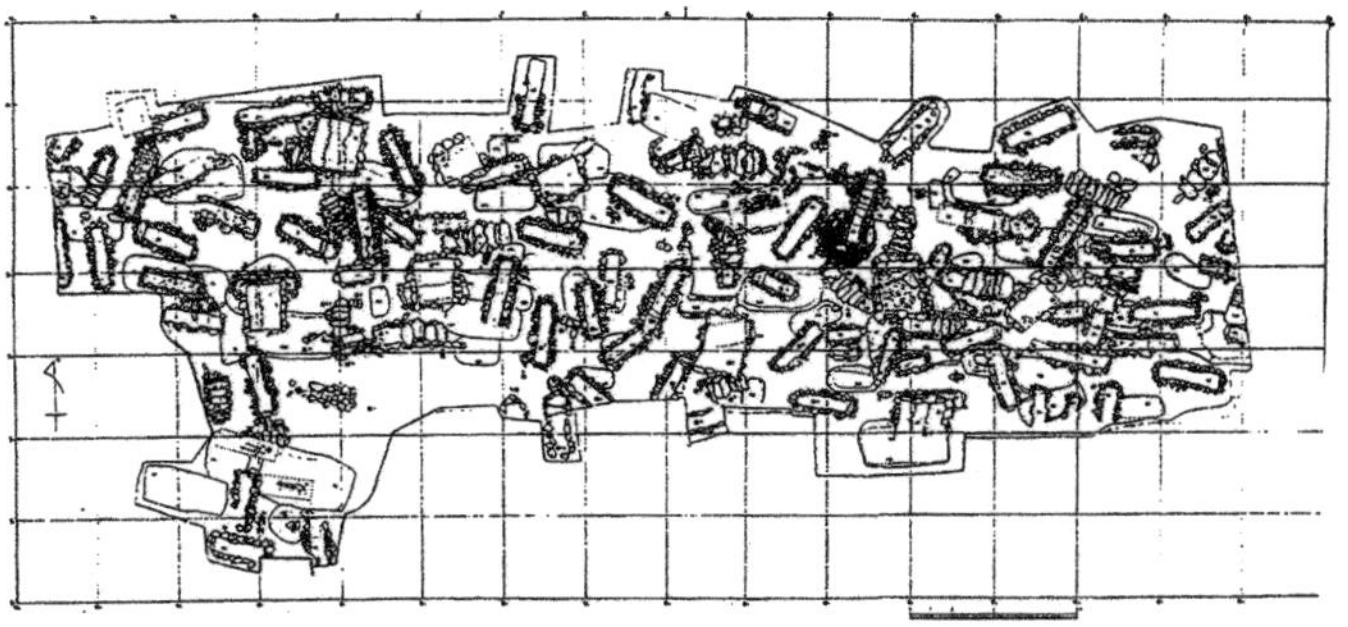

図50　礼安里古墳群（釜山大学校博物館『金海礼安里古墳群Ⅱ』1993年より）

り（明石一紀「書評『日本農耕社会の成立過程』」『歴史学研究』615、一九九一年）、その検証のためには、韓国における分析が必要である。したがって、以下に韓国における遺跡の分析例（田中良之「三国の親族関係（予察）」『韓半島考古学論叢』すずさわ書店、二〇〇二年）を記すことにしたい。

韓国の金海《キメ》郡大東《テドン》面にある礼安里《エアンリ》古墳群は四世紀から七世紀代まで営まれた古墳群であり、古墳の重なり合いが激しく、埋葬に規則性などないように見える（図50）。しかし、四世紀前葉の古墳のみを実線で示し、おそらくは存在した低墳丘を墓壙より一回り大きくとって細線で示すと、古墳は間隔をおいて東西に列状に並び、二基でペアをなしているようにもみえる。次に、四世紀中葉になると、幼小児墓が築かれるようになるが、幼小児墓を除いた成人墓は、まだペアをなすようにもみえる。しかし、前段階におけるペアの全てに対応しておらず、早くも古墳の重なり合いが認められる。

　このように、先行する古墳の一部に重ねて墓を造るという行為は、先行墓とその被葬者の否定ではなく、むしろ新たな死者と先行する死者との系譜関係を強調するための行為と考えられるが、それまで墓壙の長軸を東西にとっていたのが、四世紀後半以降には南北方向など墓壙の方向が多様化するようになる（図51）。その傾向はそれ以降さらに顕著にな

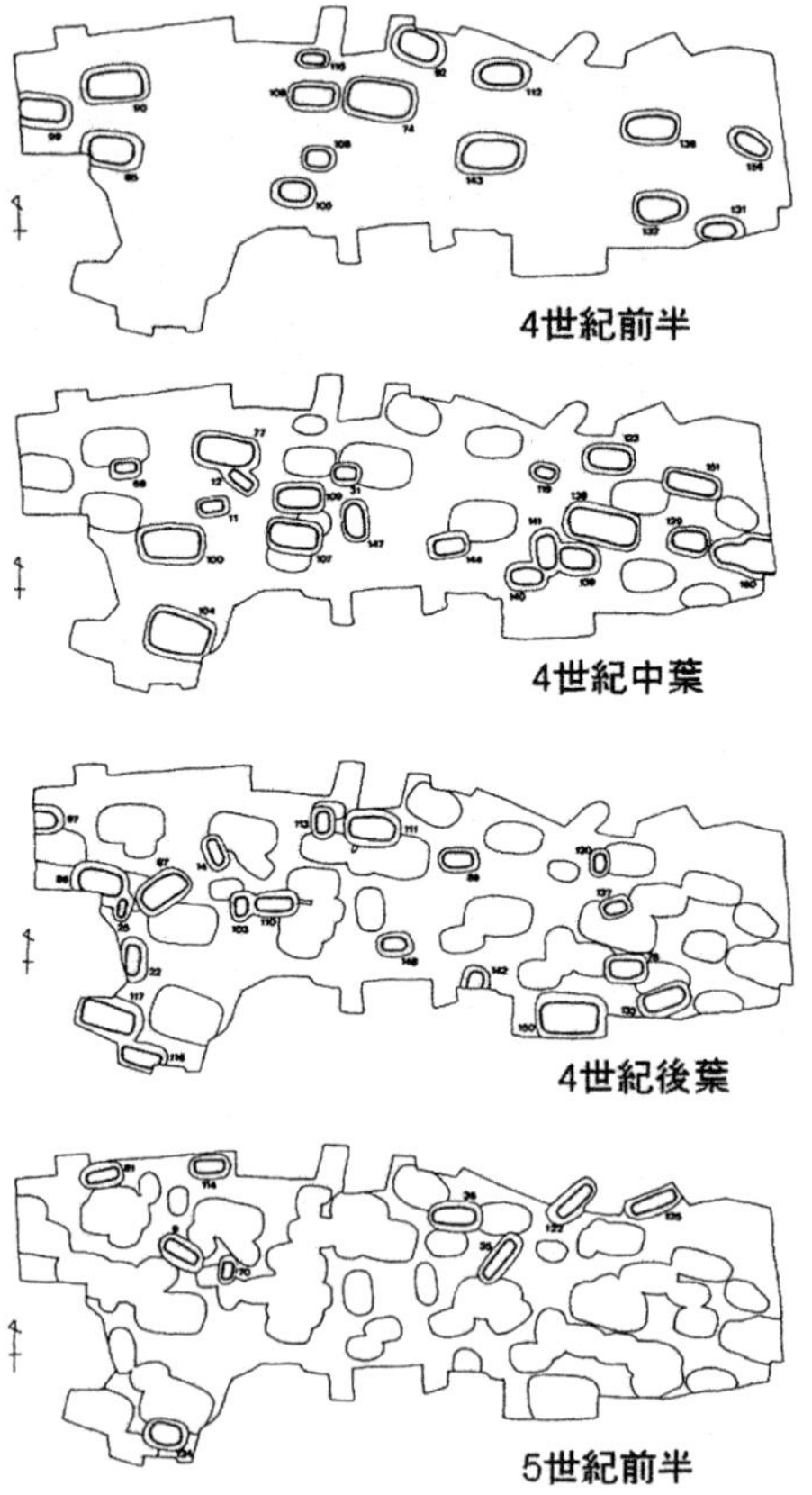

図51　礼安里墓地の変化
（田中良之「三国の親族関係（予察）」『韓半島考古学論叢』すずさわ書店，2002年より）

っていく。これは東西方向に長軸を揃え、列状に配置されていた四世紀前葉以来の秩序が、個々の古墳被葬者への系譜表示を墓の重複で示していくうちに、墓壙の長軸方向を同一化するよりも先行墓に重ねることの方が優先されるようになったことによると考えられる。そして、墓壙や想定される低墳丘の重複関係、古墳相互の距離から、いくつかの古墳のまとまりがあることがわかる。これを整理したのが図52であるが、これをみると、五世紀後半まで続く古墳の系列（小群）は四世紀前〜中葉の古墳を核にして形成されることがわかる。

歯冠計測値を用いた分析の結果、たとえば系列⑥では105号と106・108・109・110号、106号と108・110号、107号と115号、108号と110号、109号と110・115号、110号と115号のように、これらの系列それぞれの中でいくつもの血縁関係が認められた。したがって、これらの系列は血縁関係を基礎として形成されたと推定される。しかし、Qモード相関係数を平均すると高くないため、血縁を基礎としつつも、遠い血縁者を含む集団、すなわち親族集団の範囲であると考えられる。

さて、各系列のうち成人被葬者で時期的に連続するものを取り出してみると、

系列②　女性（90号）→男性（77号）→男性（12号）
　　　　女性（94号）→女性（114・70号）

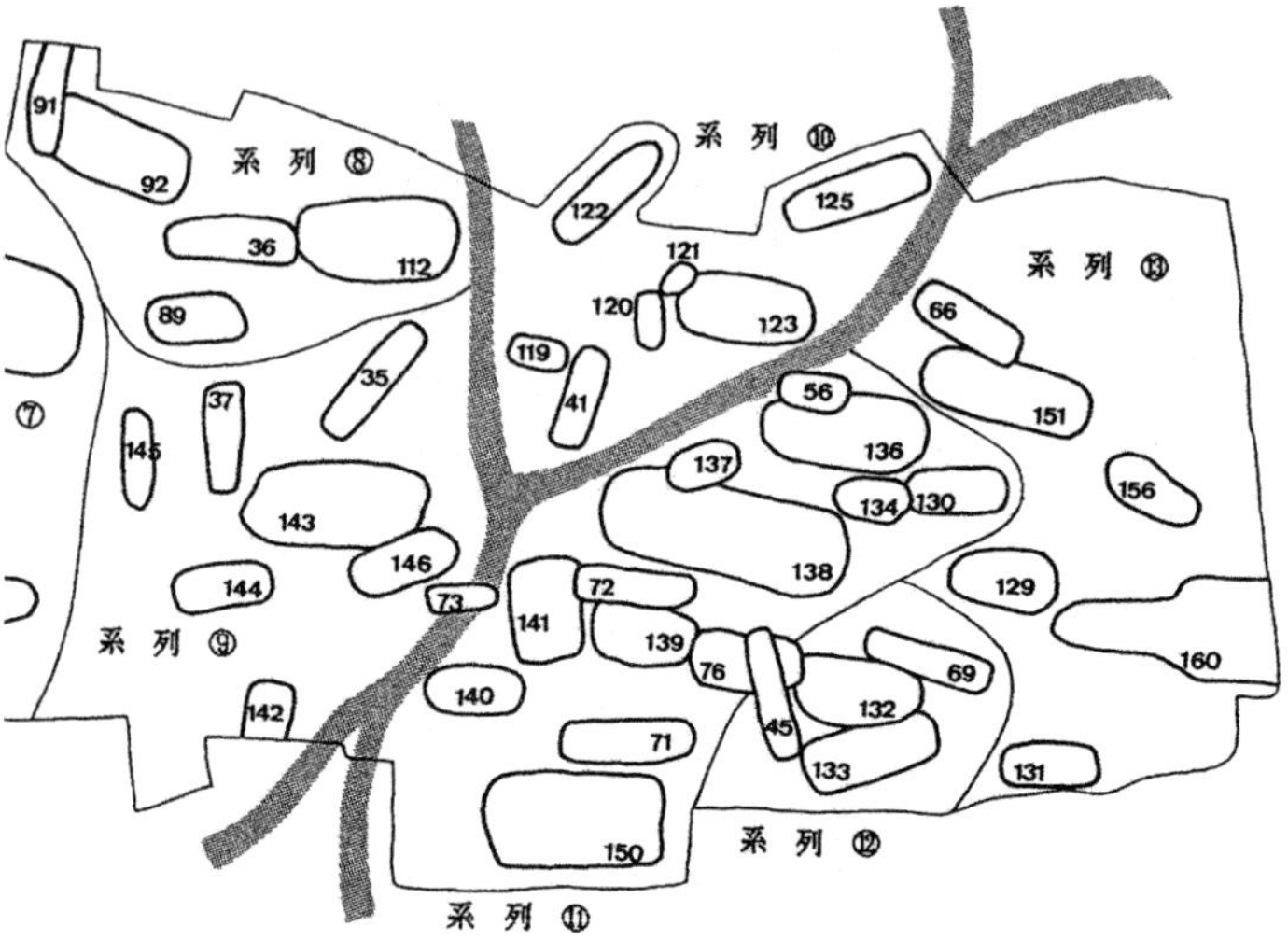

五世紀後半

系列（小群）（田中2002年より）

系列③　女性（84・88号）→男性（81号）→男性（19号）

系列④　女性（85号）→女性（100号）→男性（87号）

　女性（9号）→女性（3号）

　女性（86号）→女性（29号）

系列⑤　男性（104号）→男性（117号）→男性（116号）→女性（95号）

系列⑥　女性（106号）→女性（109号）→男性（110号）→女性（15号）

　女性（105号）→男性（107号）

系列⑩　女性（121号）→男性（125号）→女性（122号）→男性（41号）

系列⑪　男性（136号）→女性（138号）→女性（137号）→女性（130号）→女性（56号）→女性（72号）

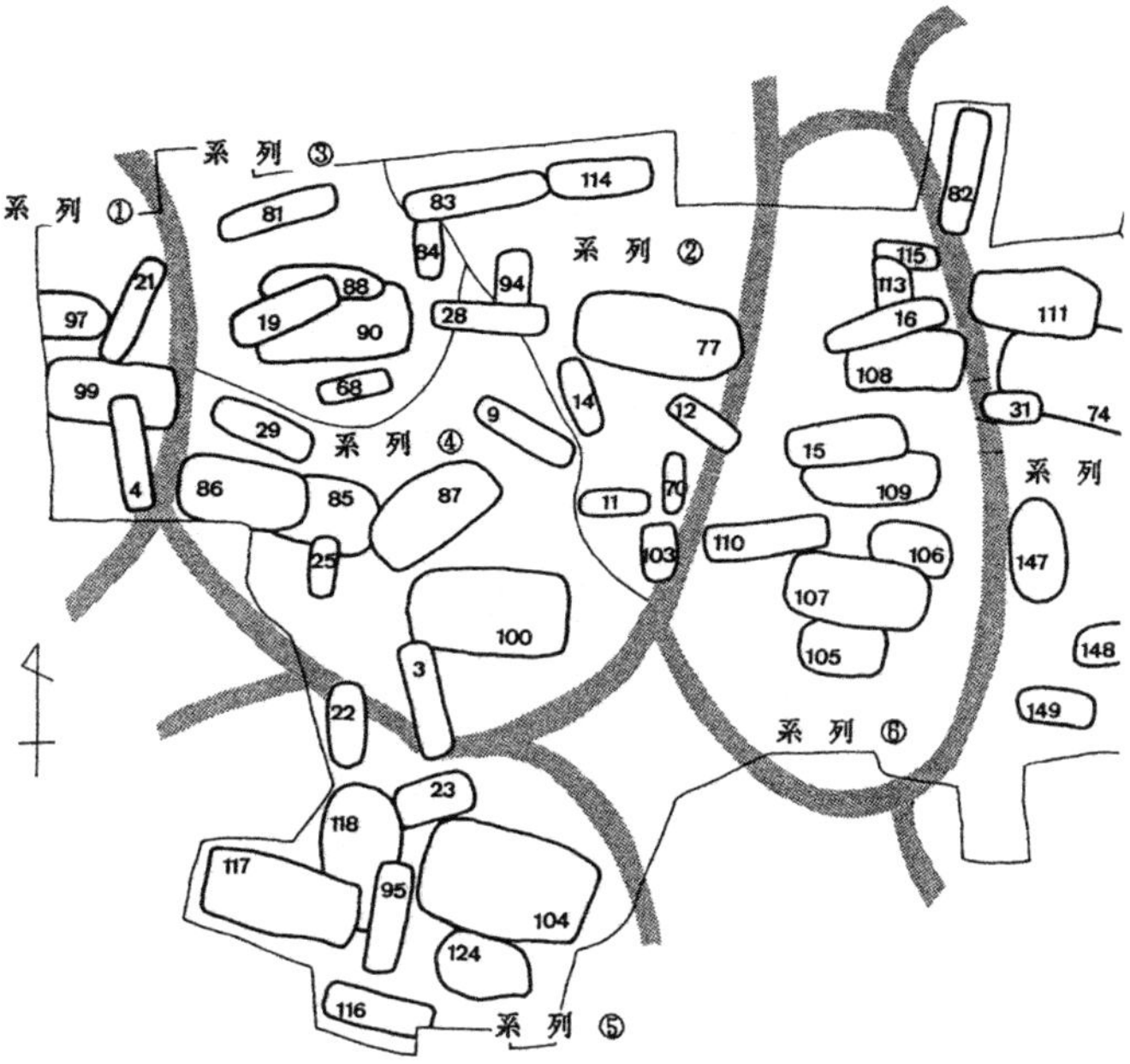

図52　礼安里古墳群における

系列⑬　男性(131号)→女性(129号)

というような連続となる。これらの時期的な連続を世代的な継承と考えれば、男性から女性、男性から男性、女性から女性、女性から男性という継承パターンのすべてを含んでいるわけである。また、幼小児墓を重複させることで系譜を表示された古墳の被葬者は男性・女性ともに認められ、同様の傾向を示す。したがって、礼安里古墳群における継承は父系でも母系でもない、双系の継承であったと考えられるのである。

このように、礼安里古墳群では双系的な血縁関係に基づいて系列が形成されたと考えられる。しかし、これが経営体として自立した家族の累代の継承にそのままつながるわけではない。というのも、女性から次代に継承される場合、その女性人骨の寛骨前耳状溝（妊娠・出産痕）の有無を調べると、出産したかどうかがわかるからである。そこで、先に挙げた時期的に連続する例のうち、女性からの継承を検討してみると、90・94・70・86・106・109・37・132・156号の各被葬者の女性には前耳状溝が認められなかった。そうすると、系列②～④において、90号→77号、94号→114号、86号→29号の継承は母子の継承ではあり得なくなる。

古墳の系列の背後にある集団の代表者が、ある世代では女性であり、その次の人物はこの女性の子ではないという事実は、少なくとも親子の継承が一般的でなかったことを示している。これと、系列が血縁関係を基礎として形成されているという点をあわせて考えると、氏族や出自集団といった家族よりも広い親族集団の中で世代間継承を行っていたと考えられる。Qモード相関係数の平均値が、血縁者を含みながらも低い値であるのは、このような事情を反映していると考えられる。

このように、礼安里古墳群は、親族集団における世代間継承の結果として系列が形成され、その継承は双系的に行われたことがわかったが、これを時期的にみると、四世紀前葉が男性三：女性一〇（幼小児〇）、中葉が男性四：女性五（幼小児七）、後葉が男性七：女性四（幼小児八）、五世紀前葉が男性〇：女性四（幼小児三）、中葉が男性三：女性五（幼小児〇）、後葉が男性六：女性二（幼小児二）となる。この数字は、各時期のほとんどの墓から性別のわかる人骨が得られていることから、ほぼ実状を反映していると考えてよいものである。そうすると、四世紀前葉は女性優位であり、中葉に男女半々となり、四世紀後葉に男性優位の傾向となる。五世紀前・中葉は古墳の数自体が少ないためはっきりとはしないが、やや女性優位の傾向があるのに対して、五世紀後葉になると再び男性優位というように、双系とはいっても時期的に男女の優劣関係が変化しているようである。

ところで、武末純一は五～六世紀の礼安里古墳群の被葬者は基層をなす農民層であるとしながら、男女を問わずに鎌、鉄鏃、鉄斧というセットを基本とすることから、これらが実用としての意味ではなく、生産・軍事を象徴する儀礼的なものとしてとらえている（武末「韓国礼安里古墳群の階層構造」『古文化談叢』28、一九九二年）。その意味で、系列の「始祖」となった人物をみると、副葬品が比較的多い人物という性格をもつ一方で、頭蓋変形もしくはその疑いのある人物あるいは抜歯を行った人物という、ある種呪的・儀礼的な側面によって社会的地位を表現した部分を有している点は重要である。すなわち、これら「始祖」となった人たちは、階層的により上位であった人たちであるばかりではなく、呪的・儀礼的側面における能力・実績をもつ人たちであったと考えられるのである。つまり、礼安里の社会は階層化社会ではあるものの、呪的・儀礼的側面も重視された社会であったということができよう。

異なる三国の親族関係

以上のように、礼安里古墳群を築造した社会は、双系的社会で、古墳の重複などで形成された系列は、親族集団の中から相対的に有力な人物がその世代から選択されて葬られたものであり、親子継承を基本とはせず、夫婦が埋葬の単位とならない。また、呪的・儀礼的側面が重視される社会でもあったと考えられる。双系で、鏡や石製宝飾品などの呪的遺物を副葬し、女性にも武器を副葬する前半期の古墳時代と基本的には同じといえる。

双系であることが明らかとなったのは、伽耶《かや》地域における中間層の親族関係であるが、同地域において首長層のみは父系化していた可能性も考慮しなければならないだろう。これについては、この地域の首長層の古墳群である良洞里《リャンドンリ》古墳群や大成洞《テソンドン》古墳群が人骨資料を欠くため明らかにはできないが、金宰賢が、両古墳群において墓群の切り合いが激しい点など礼安里と類似する点をあげ、同様の親族関係と集団構造を想定したように（金宰賢「韓半島における国家形成と親族」『シンポジウム「東アジア社会の基層」予稿集』九州大学、二〇〇四年）、現象から見る限り階層の上下で相違があったとは考えにくいだろう。

さて、伽耶以外の地域は、ほとんど人骨資料に恵まれない状態であり、親族関係の分析は困難な状況である。しかし、韓国の社会学者である崔在錫によれば、高句麗・百済は基本的に類似した父系継承を行う父系社会であり、それに対して、新羅では父系継承は完全でなく、父系出自集団自体が存在しない選系の社会であったという（崔在錫『韓国家族制度史研究』一志社、一九八三年、『韓国古代社会史研究』一志社、一九八七年）。

これを支持するような現象が新羅の版図内で築造された二つの古墳群に認められる。一つは江原《カンウオン》道東海市《トンヘ》に位置する湫岩洞《チユアムドン》古墳群である。五世紀末から七世紀中葉にかけて築造された古墳群で、この地域が新羅の版図に入った後のものである。この古墳群は複数埋葬の古墳が多く見られるものの、その初葬者、すなわち造墓の契機となった人物の性は、男性（ＫＡ-31・40・43号墳、ＮＡ-6号墳）の例とともに、ＫＡ-9・11・16号墳のように女性が初葬で、その後に男女が追葬された例もある。また、ＫＡ-21号墳では女性被葬者が青銅冠を有していて、他の男性被葬者より階層的優位を示す例もある。したがって、とても父系社会といえるものではなく、双系社会であることを示唆するのである（金宰賢「東海市湫岩洞Ｂ地区古墳群の埋葬と副葬行為」『文物研究』2、一九九八年）。また、伽耶の故地で、新羅に併呑された後の六世紀末〜七世紀に築造された金海市柳下里《ユハリ》古墳では、横穴式石室に九体が順次埋葬されていたが、女性五体と乳児〜小児四体という構成であり、男性は一体も埋葬されていなかった。これも、父系社会であれば考えにくい現象といえよう（金宰賢「金海柳下里伝王陵出土人骨」『東義史学』9・10、一九九六年）。

ところで、高久健二は漢が韓半島に設置した楽浪郡《らくろうぐん》の官人たちのうち、下層官人は韓半島の現地人であることを示したが（高久健二『楽浪古墳文化研究』学研文化社、一九九五年）、かれら下層官人の墓もまた中国風の夫婦同一墓を原則とすることを示している（高久健二「楽浪彩篋塚（南井里116号墳）の埋葬プロセス」『東京大学大学院人文社会系研究科・文学部朝鮮文化研究室紀要』6、一九九九年）。このことは、高句麗が楽浪の故地を支配し官人を含む亡命者を多数領域内に留めたことを考慮すると、仮に漢代以前のこの地が父系社会でなかったとしても、中国の宗族（父系親族）原理の影響を受け父系社会となっていた可能性を示す。また、百済においては、武寧王陵が中国南朝風の夫婦同墓であることが知られているが、吉井秀夫はその他の墓制においても同様であることを指摘している（吉井秀夫「朝鮮半島錦江下流域の三国時代墓制」『史林』74、一九九一年、「百済横穴式石室墳の埋葬方式」『立命館大学考古学論集Ⅰ』一九九七年）。百済もまた帯方郡の故地に建国し、亡命者を留めたことを考えると、高句麗と同様に父系化していた可能性があるのである。

中国からの学習成果

以上のように、古墳時代のわが国と最も関係の深かった伽耶地域は双系社会であり、わが国の父系化に影響を与えようもなかったことが明らかとなった。それでは、軍事的緊張関係以外の要因はないであろうか。この五世紀代は「倭の五王」の時代としても知られるところである。すなわち、『宋書倭国伝』および『本紀《ほんぎ》』によれば、倭王讃が四二一（永初二）年と四二五（元嘉二）年、珍が四三〇（元嘉七）年と四三八（元嘉一五）年、済が四四三（元嘉二〇）年・四五一（元嘉二八）年・四六〇（大明四）年、興が四六二（大明六）年、武が四七七（昇明元）年と四七八（昇明二）年と、五世紀の前半から後半にかけて一〇回にわたって南朝の宋に朝貢《ちょうこう》している。そして、これらの朝貢は当時の朝鮮三国および伽耶の情勢、とりわけ百済との連携をふまえた対高句麗関係を抜きにしては考え難く、使節を含めた実務には中国の事情に通じた百済系の渡来人が関与したと考えられている（坂元義種『倭の五王』教育社、一九八一年、鈴木靖民「倭の五王」『古代を考える　雄略天皇とその時代』吉川弘文館、一九八八年）。

このような朝貢は、中国王朝の冊封体制に組み込まれ王号だけでなく将軍号も受けることにより、内外の政治・軍事上の権威と保証を得るとともに、国内の臣僚にも将軍号を得ることによって、大王と有力首長層との間に政治的統属関係を形成することともなり、さらに、中国の支配体制・支配イデオロギーにふれることによって、府官制的秩序の形成が進められ、支配秩序の整備が促進されたと考えられている（坂元前掲、鈴木前掲）。そのような支配イデオロギーの中に、すでに中国では定着して久しい父系直系の継承、それに基づく一系累代の王統・家系の主張、あるいは家族形態までもが含まれていた可能性を考慮する必要もあるだろう。というのも、稲荷山《いなりやま》古墳鉄剣銘には父系直系家譜が存在し、鉄剣に記された人物のうち川口勝康や平野邦雄によって実在と考えられた人物（川口「五世紀史と金石文」『鉄剣の謎と古代日本』新潮社、一九七九年、平野『大化前代政治過程の研究』吉川弘文館、一九八五年）の存命期間が、まさに「倭の五王」の時期と重なるからである。また、時代は下るものの、『日本書紀』白雉《はくち》五（六五四）年二月条に遣唐使高向玄理《たかむこのくろまろ》が、唐において東宮監門の郭丈挙に日本の地理および国の初めの神の名を問われた、という記事も示唆的である。「倭の五王」の朝貢の際にも、初めの王や王統についての問が発せられ、それへの対応が必要とされた可能性はあるだろう。政権の正当性と安定性を知るための重要な情報だからである。

私はこのように、倭の五王による中国南朝への朝貢で中国的世界観を学習し受容していく過程で、中国的国家観・社会観を学習し、その中に家父長制イデオロギーもまた含まれていたと考察してきた（田中良之『古墳時代親族構造の研究』柏書房、一九九五年）。その意味では、「上から」の親族関係の変化であり、農民層の墓地である上ノ原横穴墓群のあり方はその結果である。そうすると、支配層における父系化はさらに早かった可能性がある。

さて、『宋書倭国伝』には興味深い記事が記載されている。すなわち、元嘉一五（四三八）年の倭王「珍」の朝貢記事に、倭隋等一三人が平西・征虜・冠軍・輔国将軍となることを求め、許されているのである。また、元嘉二八（四五一）年の倭王「済」の朝貢記事にも、「二十三人を軍郡に除す」とある。倭王以外のこれらの人物は畿内外の有力首長であったことは疑いがないが、彼らは将軍・武官だけでなく文官にも任官している。そして、これらに任官できるのは男性のみである。したがって、倭王および首長となる要件として、実力や人望に加えて「男性であること」が付加され浸透していったことがうかがえるのである。

さらに、『日本書紀』允恭四年に「盟神探湯《くかたち》」で知られる記事が記載されているが、これは氏姓の乱れを正したものである。氏姓の乱れを正すといっても、そこには根拠が必要であり、氏族の系譜が必要となる。そして、「允恭」すなわち「倭王済」の政権が中国的父系系譜を前提とした可能性は高い。その結果として雄略の辛亥年（四七一年）の埼玉県稲荷山古墳出土鉄剣銘に八代にわたる父系系譜が記されたと考えられよう。さらに、この時期は、単に稲荷山鉄剣銘文だけでなく、「氏」が形成されていく時期でもある。支配層が大王家を中心とした系譜関係の中に位置づけられ、新たな親族集団＝「氏」として擬制的に再編・整備されていった、まさにその時期なのである。

このように、倭五王の朝貢の過程で、五世紀中葉には支配層において父系へと転換が始まり、後半には農民層にまで及んだと考えられる。そして、農民層までの父系化が早々に進行した要因の一つに、首長から農民層までを結びつける親族集団がいまだ健在であったことをあげることができよう。

しかし、双系的親族関係を父系的に編成するといっても、一気に変化させることは困難であり、当然それまでの親族関係と齟齬《そご》をきたしたと思われる。そのような状況下で目的を最低限達成するためには、とりあえず家長の父系継承を実践させることが不可欠であり、そのために支配層から次の家長を指名したりするような具体的な介入・指導もあった可能性もある。「父系社会の形成」でみたように、葬送儀礼（ヨモツヘグイ・コトドワタシ）や追善儀礼も、家長の父系化とその安定を維持・浸透させるためのイデオロギーとして機能させた。そして、それらの結果として、男性の家長を中心とした家族が形成され、その一方では非家長に双系的性格も残してしまうことになったと考えられるのである。

父系化の効果

しかし、このような形態でも、支配層においても農民層においても、継承の安定化によって、支配・経営基盤自体の安定がもたらされたと考えられる。なぜなら、双系社会においてはメンバーシップがあいまいであり、簡単にいってしまえば地位や財の継承にあたってはキョウダイばかりかイトコまでがライバルとなってしまうからである。

とくに、支配層にとっては、双系社会においては世代ごとに家族構成を変えることがあり、人民把握が容易ではない。次世代の計算ができないからである。したがって、家族構成と世代交代のシステムさえ確立すれば、支配層にとっては軍事・徴税などのための人民把握には十分であり、それゆえに奈良時代まで大きな変化をせず移行していったと思われる。

この変化によって生じた家族は、モルガン、エンゲルスのいう家父長制家族といってよく、経営単位として機能した。支配層同様、農民層においても継承は安定に向かい、それゆえに生産も安定したと考えられる。いや、それだけではない。農民層における継承の安定は、傍系親族の継承権を奪うこととともなった。このシステムでは傍系親族は直系親族に従属するほかなく、世代が進行すれば隷属することになる。それを回避するには分節・独立するほかないのだが、家族が保有する土地の生産力には限りがある。つまり、傍系親族が分節・独立するためには新たな土地開発を行い、かつ成功しなければならないのである。そして、五世紀代に農民層まで普及する鉄製農工具はそれを可能にしたと考えられる。

五世紀後半から七世紀前半まで、全国各地で膨大な数の小古墳が営まれるが、それは土地開発に成功して分節を繰り返していった農民層の所産であると考えられる（田中前掲、一九九五年、大森円「豊前における群集墳造墓単位の分節過程」『古文化談叢』39、一九九七年）。この現象こそ、家族すなわち経営単位の増加を意味し、当然のことながら生産力の増大を意味した。支配層がこれを受け入れないはずはないだろう。そして、この生産力の増大を基礎として古代国家が形成されていくのである。

その後、開発が飽和状態になることにより、傍系親族の分節運動も終焉せざるをえなくなる。その後に残ったのは傍系親族を収容した家族の姿、すなわち大家族であり、かつ傍系親族の造墓欲求であったろう。その結果として花岡山古墳群や竹並遺跡のような状況が生成したと考えられる。このように、大家族化したところで古墳時代は終了する。律令期の戸籍は基本的に造籍の当初から大家族が多いが、これは古墳時代終末期の家族形態をうけたものと考えられるのである。

古墳時代の社会集団

さて、「基層をなした双系社会」でみたように、山の神古墳群や老司古墳の事例から、階層の上下にかかわらず、被葬者が家族より広い親族の範囲に及ぶ場合があったことが知られた。もちろん、このような事例が多いわけではなく、一墳に一人のみの埋葬や、キョウダイから選択された二～三人が埋葬された事例が大多数を占める。また、山の神遺跡でも鏡を副葬したのは中央の3号墳のみであり、老司古墳でも後円部中央の3号石室が副葬品の質・量ともに優越する。したがって、数家族が同墓をなす場合でも、家族間の優劣は明瞭に表現されている。しかし、複数埋葬が集団の代表者を一人に絞りきれていないことと同様、代表となる家族を絞りきれなかった集団がいまだ存在した点は重要である。その背後に実質的な親族集団の存在がうかがえるからである。

さらに、被葬者を一人に絞り込んだ場合でも、宮内克己が明らかにした大分県宇佐《うさ》市川部高森古墳群のような事例がある（宮内克己『赤塚古墳ものがたり』大分県立歴史博物館、二〇〇四年）。この古墳群には三角縁神獣鏡《さんかくぶちしんじゅうきょう》を多数出土したことで知られる古墳時代初頭の赤塚古墳があり、六世紀前半まで六基の首長墳が連続する。そして、赤塚古墳は、箱式石棺であるため被葬者数は不明であるが、主体部自体は後円部の一基のみであり、後続の免ヶ平《めんがひら》古墳も後円部に二基二体を埋葬したと考えられ、被葬者を絞り込んだ首長墓であるといえよう。ところが、図53に示すように、赤塚古墳の周辺には低墳丘墓が群集しているのである。これらは、赤塚古墳の前方部前面に北西から南東の軸線上に築造された古墳群であり、状況としては赤塚古墳と墓域を共有した観がある。そし

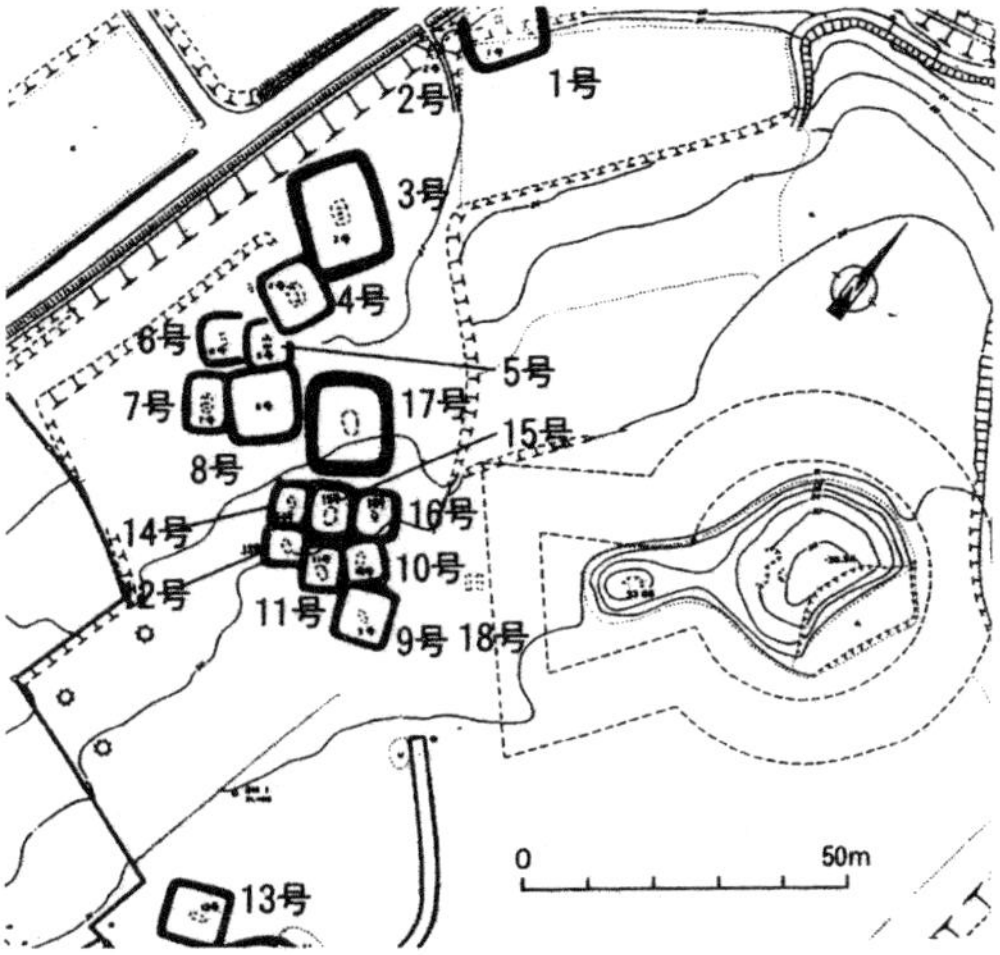

図53　赤塚古墳と周溝墓群（宮内2004年より）

て、これら低墳丘墓群は赤塚古墳に並行する時期から後の時期まで築造が継続しており、前方後円墳の築造の有無にかかわらず、この場所がこの集団の墓域として使用され続けたことが知られるのである。さらに、赤塚古墳に後続する首長墳である免ヶ平古墳においても周囲に低墳丘墓群が認められるが、ここでは赤塚古墳に平行する時期から築造が開始され、免ヶ平古墳の後も継続されている。したがって、赤塚古墳と免ヶ平古墳は別集団を母体としたことがうかがえ、個々の集団は墓域内で造墓を継続しながら、首長墳は集団を移動していくというパターンが導き出される（宮内前掲）。このように、それぞれの首長墳は高い突出度を示しながらも、いまだ親族集団と墓域をともにし、いわば「族墓」を形成しているのである。そして、この場合の集団とは、同一地域で族的結合をなす単位、すなわち氏族に他ならないであろう。すなわち、古墳群を構成する複数の墓群が氏族を代表する人物たちの墓であり、川部高森古墳群全体はこの地域における氏族間を統合する部族のアイデンティティの表現の場であったと考えられるのである。

このようにみていくと、墳丘に大小あり、墳形にも変異がある古墳が群集し、ある時期には首長墳が築造されるものの、次代には別の古墳群に首長墳が移動するというあり方は、大和盆地にも認められる。すなわち、白石太一郎がかねてから主張してきたように、古墳時代前期における大和盆地の首長墳は箸中古墳群（箸墓）↓大和古墳群（西殿塚古墳）↓鳥見山古墳群（外山茶臼山古墳・メスリ山古墳）→柳本古墳群（渋谷向山古墳・行燈山古墳）と移動しており、白石は箸中・大和・柳本の古墳群と鳥見山周辺の古墳群は別の政治的集団であると考える（白石太一郎「畿内における大型古墳群の消長」『考古学研究』61、一九六九年、「巨大古墳の造営」『古代を考える　古墳』吉川弘文館、一九八九年）。これに対し、田中琢はこれら四つの古墳群がそれぞれ別個の集団を背景とするとしている（田中琢『倭人争乱』集英社、一九九一年）。いずれにせよ、この構成と動態は川部高森古墳群と同様であり、古墳の墳形や規模に表された階層差とともに、「族墓」として墓域を共有することによるアイデンティティの表示を行っていたと考えられるのである。

前期の古墳群が族的表示と階層表示の二面性を有していたと考えることによって、その後の首長墳をめぐる動態も理解しやすくなる。すなわち、五世紀代になると、首長墳の周囲に衛星的に陪塚《ばいちょう》を配した古墳群が畿内を中心にみられるようになる。これを首長に近い家臣の墓と考えることが一般的である。たしかに、古市古墳群にせよ百舌鳥《もず》古墳群にせよ、墓の方向に統一性を欠く中で主墳と陪塚のセットにおいては整然とした秩序を有していて、そこに主従関係をみることもできるかもしれない。

しかし、既述のように、倭五王たちが宋朝に対して他の首長たちへの将軍号や郡・軍の役職を求めており、大王の権力と地位が必ずしも突出したものではないこと、大王家と

「氏」の系譜関係に基づく序列化が五世紀中葉くらいから開始されること、氏姓制度を経て冠位十二階《かんいじゅうにかい》、八色《やくさ》の姓《かばね》へと至る大王と諸豪族との階層的序列化の動きを考えると、この時期に階級関係に基づく家臣の存在は認めがたい。したがって、仮に主墳と陪塚の被葬者が従属関係にあったとしても、その関係は親族紐帯《ちゅうたい》を介しての階層関係であり、古墳群もまた族的紐帯に基づくと考えられる。すなわち、五世紀の古墳群においては階層表示が優先される中においてなお族的表示が残存したと考えられるのである。

そして、六世紀になると、今城塚《いましろづか》古墳のような大王陵に端的であるが、単独で首長墳が築造されるようになる。しかし、一方では、地方や中小首長層においては首長墳の墓所こそ安定するものの、前代と変わらずに古墳群をなし、首長墳の突出度も弱いという現象も認められるのである。この事実は、五世紀後半以降それまでの親族集団を「氏」として父系直系的に編成し、その系譜関係によって階層的序列化を行う中にあって、なお親族原理が強固であったことを示すといえよう。

しかし、六世紀になると、支配層は「氏」として新たな親族集団へと擬制的に再編・整備が進む。一方で、農民・工人といった被支配層においては、本来の親族集団と関わりなく部民として編成され、そのリアクションとして儀礼による親族アイデンティティの再確認も行われるが、やがてこれらの行為は表面から消滅するのである。

以上の過程は、親族集団が階層分化によって変形し、親族原理が階層序列によって分断された過程であり、二次的かつ擬制的な親族集団を形成しながら、実質としては共同体を解体していった過程といえる。そして、このようなプロセスを基礎として古代国家へと移行していったのである。

親族関係の変化と国家形成——エピローグ

本書でこれまで述べてきたことを簡単に要約すると以下のようになろう。

まず、縄文時代に双系の部族社会が形成され、後期には氏族も形成された可能性が高い。そして、それは時として半族構成をとりながら、弥生時代へと移行した。また双系の親族関係は、弥生時代の開始にあたって渡来人を平和的に受け入れ、スムーズに混血が進む一因ともなったと考えられる。

弥生時代になると、前期からの土地開発と人口増加を受けて、新たな部族秩序が形成されたが、氏族が半族もしくは胞族にまとめられたようであり、縄文晩期と類似した様相でもあった。中期中頃までは部族社会であるが、地域の核になる墓地が現れ、そこには地域集団の代表的人物が葬られたと考えられる。このような状況は階層化社会とも見まがうものであるが、階層化が明瞭化し首長制へと移行するのはその後になる。

弥生中期後半には首長墓と評価しうる墓が出現し、その後は首長制社会へと移行したと考えられる。しかし、親族関係は双系のままであり、墓には中期後半のように男女のペアを単位とする場合もあり、その姿は『魏志倭人伝』の記述と整合する。

古墳時代になっても親族関係は双系のままであり、埋葬は男女を含めたキョウダイ関係が基本である。そして、古墳の墳丘規模・墳形・副葬品などに階層差が顕著に反映されるものの、大小の古墳で構成される古墳群自体は親族集団の統合を表示するものであり、首長墳にも中・下層の古墳においても、一基の古墳は個人や家族ではなく出自集団を背景としたと考えられ、親族原理がいまだ社会を覆っていたことがうかがえる。

おそらく支配層は五世紀中頃、そして後半には農民層も父系へと変化し、家父長制家族が析出される。葬送・追善儀礼も家族単位へと変化するが、墓群自体は各家族の任意の結合ではなく、親族集団を単位とする。そして、これと連動して支配層は「氏」として新たな親族集団へと擬制的に再編・整備される。他方農民層においては、本来の親族集団と関わりなく部民として編成され、親族集団は分断され解体されていく。古代国家はその後に成立したのである。

これらは、父系家系が明瞭化し、家族の自立によって氏族共同体の解体が進行して、その一方では二次的な親族集団が編成され、その系譜的秩序に基づいて階層化が進行していき、二次的親族集団を基盤としつつも、その外部に国家機構が形成される、という国家形成の過程としても整理される。このプロセスは中国における古代国家形成過程と同一であることが明らかにされつつあり（田中・川本芳昭編『東アジア古代国家論』すいれん舎、二〇〇六年、における討論での岩永発言および同書「解題」）、時間も空間も異なる二つの地域が同じ道をたどったことは、国家形成のプロセスにいくつもの道はなかったことを示している。それと同時に、遥かに先行して国家をなした中国の姿は、弥生時代から知識としては持っていたにもかかわらず、七世紀末まで国家機構を形成しえなかったことは、親族関係を含めた社会インフラの条件がそろって初めて国家は建設されるものであったことを示している。まさに親族と国家は密接な関係をもっていたのである。

冒頭の問いに立ち返れば、わが国は当初から父系社会ではなく、東アジアの中で国家を形成していく過程で双系から父系へと転換したものである。そして、その転換も徹底したものではなく、本来の双系社会の特質を残した社会であった。

この父系の観念と家族編成は、支配層においてはその後も継承されたが、民衆においては必ずしもそうではなかったようである。なぜなら、中世室町期の山口県下関市吉母浜《よしもはま》遺跡では、双系であったという分析結果が得られているからである（田中・土肥直美「吉母浜中世墓の親族構造」『東アジアの考古と歴史』同朋舎、一九八七年)。この事実は、いったん民衆まで父系化しておきながら、やがては双系へと戻った集団・地域もあったことを示しており、親族関係もまた時代とともに跛行《はこう》的に変化していったと予想されよう。

あとがき

本書は、一九九五年に上梓した『古墳時代親族構造の研究』の内容を継承しながらも、その後の研究成果を盛り込み、時代幅も広げて書かれている。「歴史における家族・親族の意味」においては親族関係をめぐる理論的枠組みと学説史的問題を整理し、「基層をなした双系社会」「父系社会の形成」においてこれまで積み重ねてきた実証研究の成果を、「家族・親族からみた古代社会」では明らかにされた親族関係をふまえるとどのような原始古代の社会像が描けるかを述べてきた。研究書ではなく、紙幅にも限りがあるため、物足りないと感じられる方もおられるかと思うが、詳細は本文中にあげた文献を一読いただければと思う。

本書の骨格をなしているのは、各地の遺跡調査の成果であり、先輩・友人・後輩諸氏との議論の成果である。とくに国家形成をめぐる理論的検討においては岩永省三氏から多くのご教示を賜った。また、溝口孝司・宮本一夫・辻田淳一郎の同僚諸氏や、武末純一・村上恭通・村上久和・宮内克己の各氏および院生諸氏との議論によるところも大きい。記して感謝したい。また、旧著を上梓して後、自説を補強する事例や修正を迫る事例にいくつもあたってきたが、現場におけるそれぞれの担当者とともに、助手・院生として著者とともに調査にあたり、いわば「苦楽を共にした」金宰賢氏（現東亜大学校副教授）・石川（舟橋）京子氏（現学振PD）にも感謝の意を表したい。

本書は、上記の方々の他にも多くの方々の先行業績、教示、指摘のうえに成り立っている。ここでそれらの方々の芳名を連ねるには紙幅の関係もあり控えたいが、いつもながらの学恩に感謝申し上げたい。また、吉川弘文館編集第一部永田伸・阿部幸子両氏には、締め切りを遥かに過ぎてもいっこうに進まない私の遅筆ぶりを気長に見守っていただいた。お詫びとともに感謝申し上げたい。

さて、この数年の間に、二〇〇一年三月に学生時代から親しく指導していただいた賀川光夫先生、同年一〇月には九州大学医学部で「人骨のイロハ」からご指導いただいた永井昌文先生、二〇〇五年四月には学生時代からご指導いただき、著者の研究者としての姿勢・方向性に大きな影響を与えられた横山浩一先生という、私にとって大変大事な先生方を次々に喪った。さらに、二〇〇一年五月には、大学の後輩で研究仲間であった北九州市立考古博物館（当時）の松永幸男君が突然逝ってしまった。拙い本書ではあるが、私が研究者として、また一個の人間として成長することに大きな影響を与えられたこの方々に捧げることとしたい。

本書は古代家族の考古学的研究の成果であるが、私の「現代家族」の支援なしにはなしえなかったものである。その「現代家族」も、私の両親が二〇〇〇年と二〇〇二年に相次いで鬼籍に入り、一方では昨年長男が結婚して一名増員となった。そして、今年また一人が加わろうとしている。本書を、妻まゆみを始めとする私の家族、そして生まれてくるニューカマーにも贈ることをお許しいただきたい。

二〇〇七年七月二四日

台湾台南県にて

田中良之

著者紹介

一九五三年、熊本県に生まれる
九州大学大学院文学研究科博士課程中退
同大学医学部解剖学第二講座助手、文学部助教授をへて、
現在、九州大学大学院比較社会文化研究院基層構造講座教授、博士(文学)

主要著書

古墳時代親族構造の研究　発掘を科学する
(共著)　東アジア古代国家論(共編著)

歴史文化ライブラリー
252

骨が語る古代の家族
親族と社会

二〇〇八年(平成二十)四月一日　第一刷発行

著　者　田《た》中《なか》良《よし》之《ゆき》

発行者　前　田　求　恭

発行所　株式会社　吉川弘文館
東京都文京区本郷七丁目二番八号
郵便番号一一三—〇〇三三
電話〇三—三八一三—九一五一〈代表〉
振替口座〇〇一〇〇—五—二四四
http://www.yoshikawa-k.co.jp/

印刷＝株式会社 平文社
製本＝ナショナル製本協同組合
装幀＝清水良洋・黒瀬章夫

歴史文化ライブラリー

1996.10

刊行のことば

現今の日本および国際社会は、さまざまな面で大変動の時代を迎えておりますが、近づきつつある二十一世紀は人類史の到達点として、物質的な繁栄のみならず文化や自然・社会環境を謳歌できる平和な社会でなければなりません。しかしながら高度成長・技術革新にともなう急激な変貌は「自己本位な刹那主義」の風潮を生みだし、先人が築いてきた歴史や文化に学ぶ余裕もなく、いまだ明るい人類の将来が展望できていないようにも見えます。このような状況を踏まえ、よりよい二十一世紀社会を築くために、人類誕生から現在に至る「人類の遺産・教訓」としてのあらゆる分野の歴史と文化を「歴史文化ライブラリー」として刊行することといたしました。

小社は、安政四年（一八五七）の創業以来、一貫して歴史学を中心とした専門出版社として書籍を刊行しつづけてまいりました。その経験を生かし、学問成果にもとづいた本叢書を刊行し社会的要請に応えて行きたいと考えております。

現代は、マスメディアが発達した高度情報化社会といわれますが、私どもはあくまでも活字を主体とした出版こそ、ものの本質を考える基礎と信じ、本叢書をとおして社会に訴えてまいりたいと思います。これから生まれでる一冊一冊が、それぞれの読者を知的冒険の旅へと誘い、希望に満ちた人類の未来を構築する糧となれば幸いです。

吉川弘文館

〈オンデマンド版〉
骨が語る古代の家族
親族と社会

On Demand
歴史文化ライブラリー
252

2019年（令和元）9月1日　発行

著　者　田《た》 中《なか》 良《よし》 之《ゆき》
発行者　吉 川 道 郎
発行所　株式会社　吉川弘文館
〒113-0033　東京都文京区本郷7丁目2番8号
TEL　03-3813-9151〈代表〉
URL　http://www.yoshikawa-k.co.jp/

印刷・製本　大日本印刷株式会社
装　幀　清水良洋・宮崎萌美

田中良之（1953～2015）

ISBN978-4-642-75652-5